ぞうきん1枚で

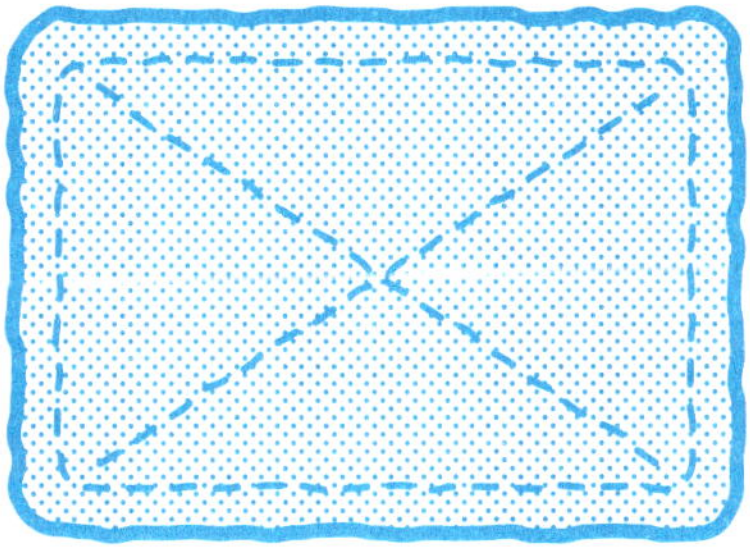

人生が輝く そうじ力

船越耕太

大和書房

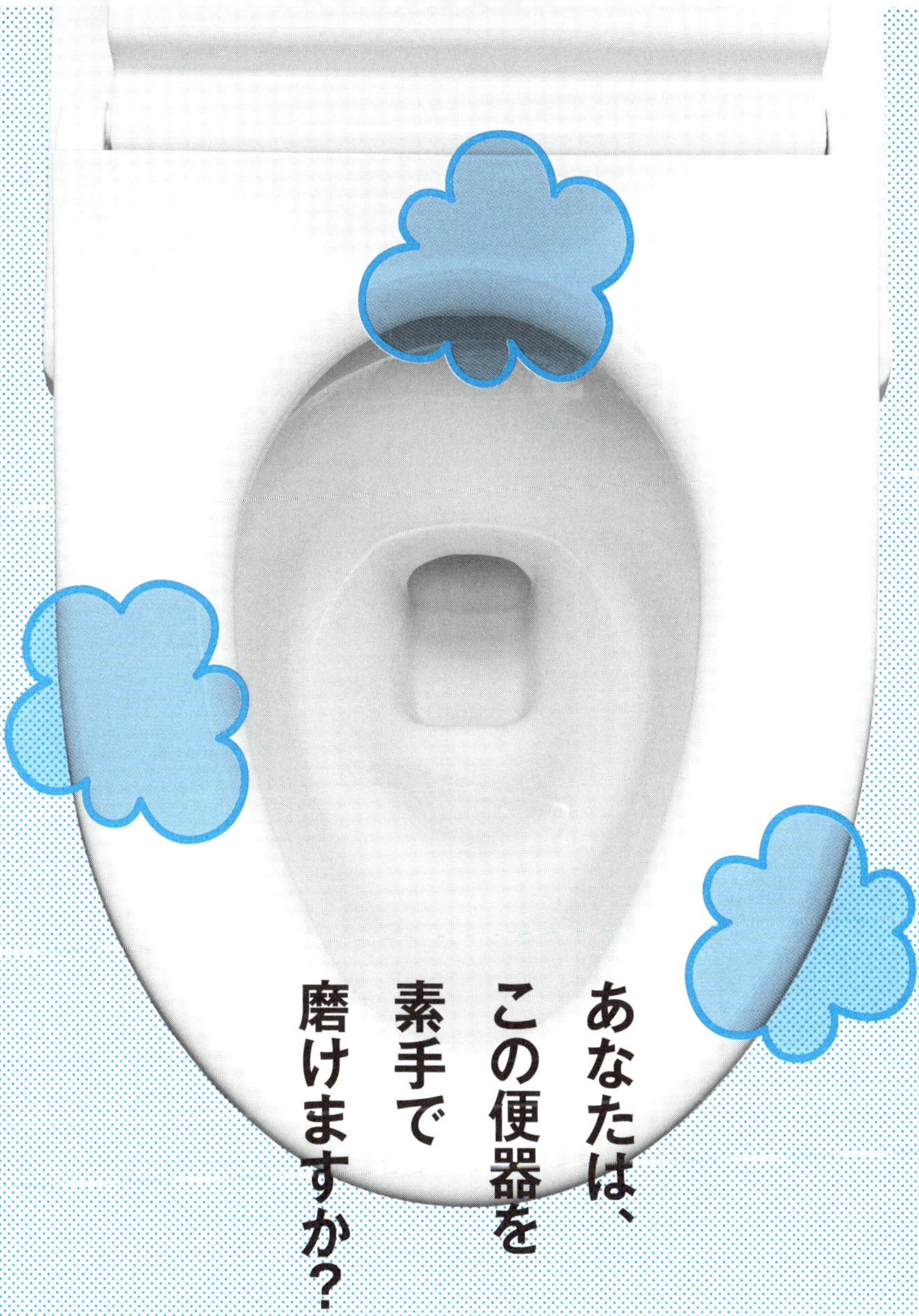

あなたは、この便器を素手で磨けますか？

もし、ためらいなく磨けるのなら、
あなたにこの本は必要ないかもしれません。
メンタル・ブロック※が完全に外れていて、
あなたはあなたのまま、等身大で生きることができているからです。

もし、あなたが、素手でトイレの便器を洗うことにためらいがあっても、
心配することはありません。
「できない」と思うのは当たり前のことです。
誰が使ったのかわからない便器に
素手を突っ込める人は、せいぜい0・1%くらいでしょう。

でも、想像してみてほしいのです。

※34ページ参照

この便器を
素手で磨いている
自分を――。

はあっ？

ムリムリムリムリムリ!!

わかります。僕も最初はそうでした。
でも、僕はこの方法をやり続けて、人生が劇的に変わりました。
夢物語でも、不可思議な話でも、ありません。
ちゃんと理由があります。

「そこまで言うなら……」と、
恐る恐る手を突っ込んだあなたはこう思うでしょう。

うわわわわわぁー!!

汚いっ！　ムリッ!!

僕も大嫌いでした。逃げたい一心でした。
でも、もうちょっと奥に入れてみましょう。
ここで、もうひと踏ん張りの勇気が必要です。
穴の奥の奥、表からは見えないここに汚れがたまりやすいのです。

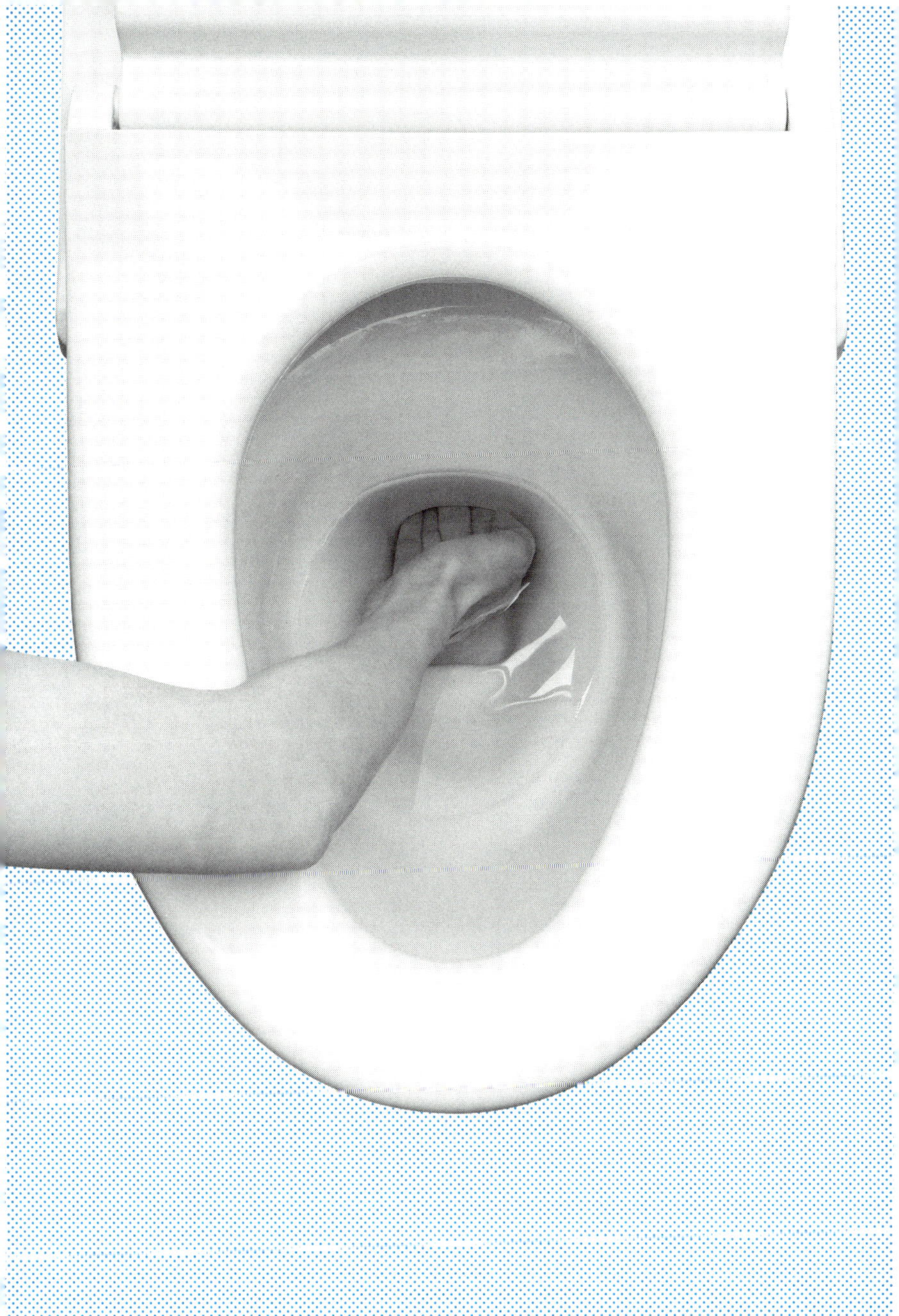

ヌメッとしたものが手につくかもしれません。
もうヤバいですよね。今すぐ逃げたい!!
触ってはいけないものを触ってしまった……。
背中にゾクッとした感覚が走る人もいるかもしれません。
でも、もうひと頑張りです。耐えてみてください。

ゴシゴシゴシゴシゴシゴシ。キュッキュッキュッキュッ。
ゴシゴシゴシゴシゴシゴシ。キュッキュッキュッキュッ。

汚れがみるみる取れてきました。
なんだか便器が輝いて見えます。

あなたの心はまだザワザワしているかもしれません。
でも、こうも思っているはずです。

何かひとつ、心のブロックが外れた気がする……。

このほんの少しの心の変化が、
後々の人生を大きく変える大切な要素なのです。

見ようとしていなかった汚れや、
やりたくないと思っていた場所に、
あえて触れる。輝かせる。

すると――。

自分の見ようとしていなかった負の気持ちや、
コントロールすることができなかった
根っこの部分が一気に反応し、
自分が変わり始める。

僕はこう思うのです。
見えないところを輝かせるようにするそうじは、

潜在意識を変える唯一の方法だと――。

見えないところを輝かせると、
見えるところが輝く。

不思議な話だと思う人もいるでしょうが、
例外なく、みなさん誰もが一度は体感しているはずです。

「そうじをする」と、
自分のなかで少し**「心の変化が起こる」**ことを――。

ですから、
この本を読む前に、前提条件を変えてください。

そうじの最終目的は、

部屋を磨くことではなく、
自分を磨くこと。

そうなれば、そうじはイヤイヤやるものではなく、
強制されるものでもなく、
自ら楽しんで、やりたくて仕方がなくなるものになるはずです。

では、
「人生が輝くそうじメソッド」の
お話を進めていきましょう。

はじめに

はじめまして。

ぞうきん1枚で人生を輝かせることを生業《なりわい》としている、船越耕太です。

僕は、そうじが大嫌いでした。

ついでに言うと、自分のことも大嫌いでした。

兄や妹に比べて頭もよくないし、全般において不器用。体も弱かったし、人見知りだし、誇れるところなんてひとつもないと思っていました。

そんな鬱々《うつうつ》とした生活を送っていたあるとき、父にこう言われたんです。

「おまえができる〝苦手なこと〟や〝嫌いなこと〟を、たったひとつでいいから毎日続けてみなさい。1000回超えたら人生が変わるから」

僕は、父のこの言葉で、大嫌いだったトイレそうじを始めました。便器をスポンジで洗い、床はぞうきんで磨き上げていきます。

毎日毎日、ただひたすら無心に続けていくうちに、便器はスポンジを使わずに、素手で洗うようになりました。続けていくうちにまったく抵抗がなくなっていったのです。そうしているうちに、トイレに限らず、水回りや玄関、リビングなど、目についたところをそうじするのが日課になりました。
以来、1日も欠かさず、ホテルに泊まったときはホテルの部屋のそうじを、友人の家に泊まったときは友人の家のそうじをしています。

そうじを始めてから、6935日。
1日も欠かさずそうじをしてきた結果、僕はどうなったと思いますか？
気になりますよね？（笑）

僕は……、

こうして本を書くことになりました（笑）。
僕がしてきたことは難しいことではありません。

誰もができるそうじを、ただひたすら、毎日続けただけ。
けれども、それを続けていたら——。

- ある飲食業の社長さんの目にとまり、「そうじ顧問」として雇《やと》われる。
- 別の企業からも声がかかり、そうじをした結果、150%の利益増になる。
- 「お金はいくらでも出すからうちのトイレも磨いてほしい」と、ある社長さんに言われる。
- 僕の噂《うわさ》が広がり、そうじセミナーを依頼される。
- 口コミで年間100本以上の講座を実施するようになる。
- 実践した方から「人生が変わった」「家族仲がよくなった」などの報告を受けるようになる。
- 「そんな魔法のメソッドを本にしてまとめませんか」と出版社から声がかかる。

今、僕の人生はここです（笑）。
僕の人生は、そうじで変わりました。でも、僕が特別珍しいわけではありません。僕のそうじメソッドを実践してくれている4万人の人たちから、続々と喜びの声をいただいています。

断っておきますが、僕は、占い師でもなければ、風水師でもないので、そうじをすれば「金運が上がります」とか「健康運がよくなります」といった話は一切できません。専門外です。けれども、これだけは言えます。実践した方は、共通して「そうじをして人生が大きく変わった」と感じているということ。これだけは確かです。

半信半疑の方もいることは承知していますが、僕は長年の経験を踏まえて自信を持って断言します。

そうじは、人生を変えてくれます。

ただし、ポイントがあります。

ポイントは、

「自分も、物も、喜ぶ空間」をつくるそうじをすること。

物を持たないことや、単に部屋をキレイにすることを目的とするのではないということ。
難しいことは何ひとつありません。
なぜなら、あなたの心持ちひとつだから、です。

「そうじなんてイヤだな」と思ったり、「何で私ばっかりがこんなことを……」という恨《うら》みつらみ、文句など負の感情を持ちながらそうじをしていても、人生は何も変わりません。変わらないどころかマイナスです。

吐き出された「感情」は物や空間に宿ります。
あなたが「ありがとう」と言われたら嬉しいように、物や空間にも同じ現象が起こるのです。あなたが、「嫌い」「イヤだ」と言われたら悲しいように、物や空間にも同じ現象が起こる。

おかしなことを言い出したと眉をひそめる方もいるかもしれませんが、最初は疑っていてもいいので、まずは体を動かしてやってみてください。お金は1円もかかりませんから、やってみても損はありません（笑）。

もし、この「人生が輝くそうじメソッド」に興味を持っていただき、1日1分でも毎日続け、人生が好転し始めたと実感していただけたら、こんなに嬉しいことはありません。

船越耕太

目次

第2章

空間や物に残る感情が幸不幸を生み出す

第3章 「自分自身を満たすそうじ術」と「自分以外の人を思いやるそうじ術」

第4章 人生が輝くそうじメソッド

第1章

そうじで
人生が輝く理由

なぜ、トイレそうじで心のブロックが外れるのか

この本の冒頭で、トイレそうじを素手でする体験をしてもらいました。そのときに感じた「心のブロックの解除」。どんなブロックが外れたと感じたでしょうか？

その心のブロックとは「思い込み（固定観念）」。
トイレそうじはイヤなものだという「思い込み」。
トイレそうじは面倒なものであるという「思い込み」。
トイレそうじは汚いものであるという「思い込み」。

その「思い込み」のブロックが外れたことによって、解放されたような感覚、スッキリとした爽快感を体験していただけたのではないかと思います。

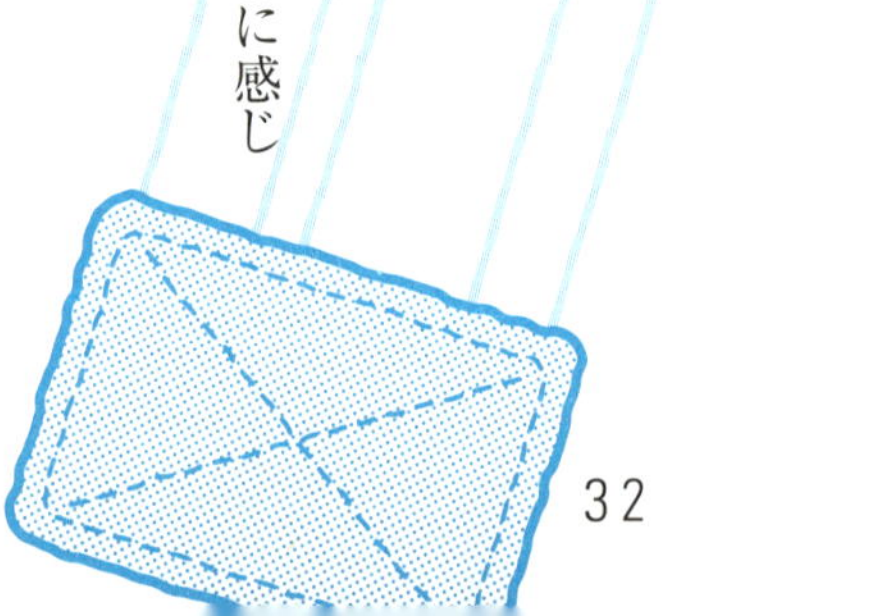

このブロックは、人生においてもっとも厄介《やっかい》なものです。やりたいことがあっても、この「思い込み」が足を引っ張るし、行きたい方向があってもこの「思い込み」が行く手を阻《はば》むからです。

さらに厄介なのは、このブロックがあることによって、その心の奥にあるマイナスの感情、現実と向き合う不安や恐れを手放せないこと。この感情は、手放そうと思って手放せるものではありません。「さあ、今日からプラス思考でいこう!」といくら強く心に決めても、そう簡単に捨てられないのです。なぜなら、そういった感情は、過去の経験や思考の蓄積《ちくせき》であり、意識下でコントロールすることができない「潜在意識」の領域にあるものだからです。

私たちの意識には、大きく分けて「顕在《けんざい》意識」と「潜在意識」があります。35ページの図のように、よく「海に浮かぶ氷山」に例えられることが多いのですが、「顕在意識」は水面から突き出ている部分で「自覚できる」領域、「潜在意識」は水面下に隠れている部分にあたり、「自覚できない」領域のことです。見てのとおり、潜在意識が圧倒的に大きな部分を占めており、その割合は95~97%といわれています。

自覚はできていないものの、私たちの思考や現実をつくっているのは、実は潜在意識のほう。**自覚されていない「隠されている意識・感情」が、今、自覚している意識のもと、根っこをつくっている**というわけです。

図のように、顕在意識と潜在意識の間に存在しているのが「メンタル・ブロック」。「うまくいくはずがない」「やれるわけがない」といったネガティブな「思い込み」のことです。このメンタル・ブロックは、年齢を重ねるごとに経験する失敗や他者からの批判《ひはん》などによって、どんどん形成されていってしまいます。

思考や現実をコントロールしているのが潜在意識なのだとしたら、ネガティブになってしまっている潜在意識をポジティブに変換してあげる必要があります。

潜在意識を変換するためには、まずその心のブロックを外すこと。その手っ取り早い方法が「トイレそうじ」なのです。

顕在意識と潜在意識

例：海に浮かぶ氷山

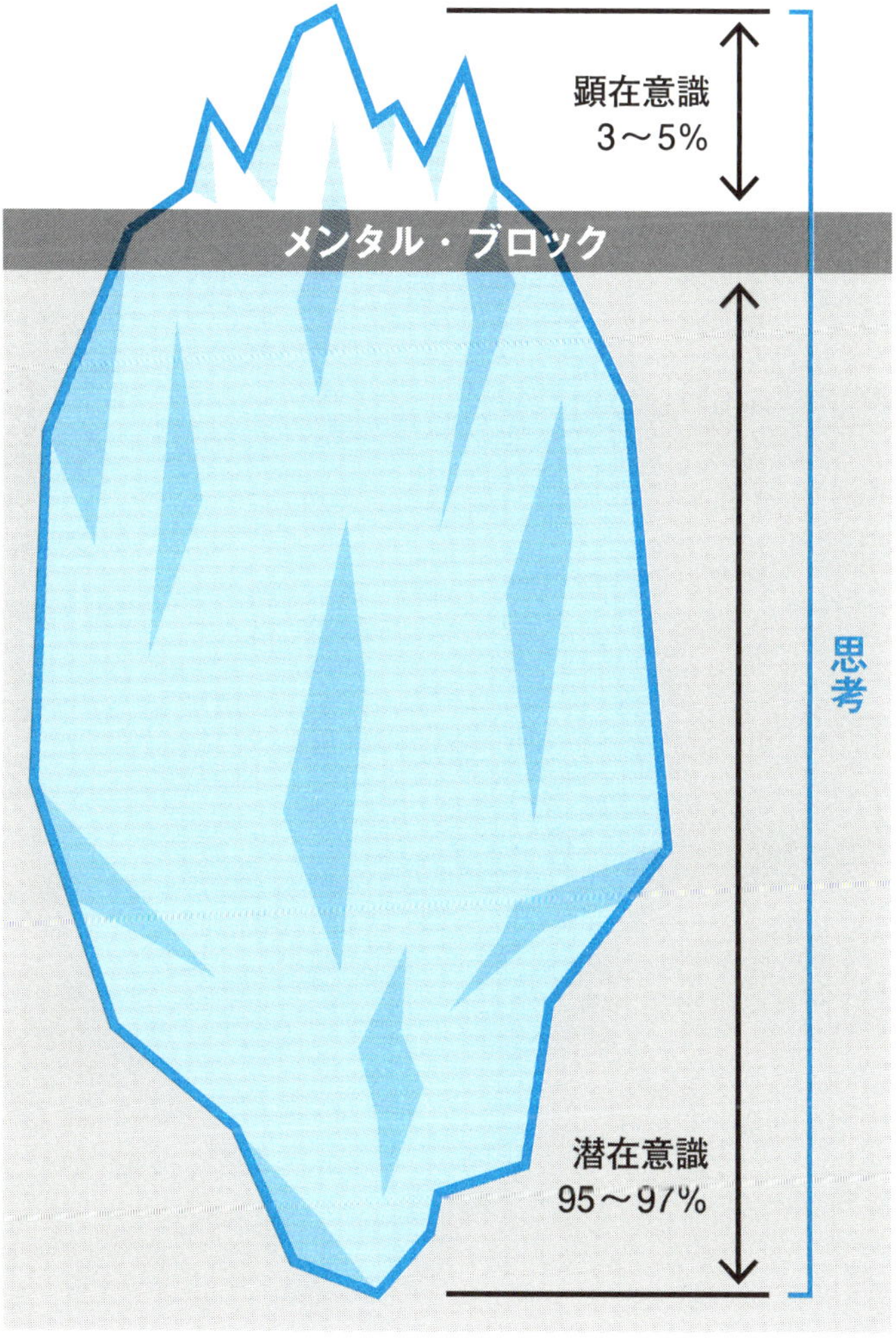

見えない部分を輝かせると、自分が幸せになる法則

ここで、少し、僕の話をさせてください。

僕が、なぜトイレそうじを始めたのか、冒頭で簡単に触れましたが、原点についてお話ししたいと思います。

岡山県、吉備《きび》高原《こうげん》の山奥に位置する、古民家を改築した民宿「百姓屋敷わら」。僕は、この「わら」を経営する父と母のもとで育ちました。２つ上の兄と、３つ下の妹とともに、６歳から家のお手伝いをするのが日課でした。

「わら」では、本来の野菜が持っている自然のうまみを最大に引き出す「重ね煮」という料理法でつくる自然食を出していましたが、「食べたら体の調子がよくなった」という口コミでお客さんが絶えず、とても繁盛《はんじょう》していて、父も母も大忙しの毎日。

そのため、僕らも６歳になるとお風呂の薪《まき》割《わ》り、トイレそうじ、昼食や夕食後のお皿洗

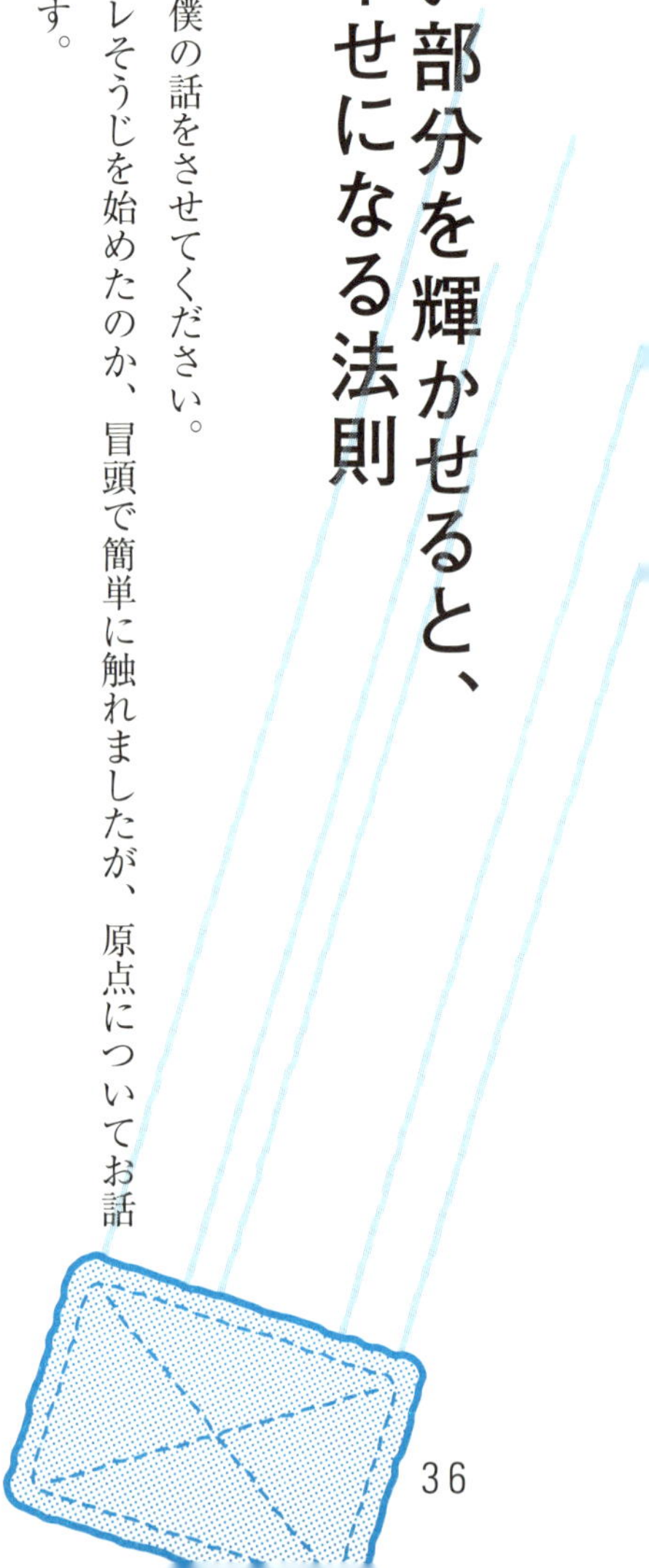

いに駆り出されていました。学校に通っている時間以外は、朝早くから夜遅くまで、ずっとです。

お皿洗いといっても、毎日200枚以上です。洗い場は4槽のシンクに分かれていて、予洗い、洗剤で洗う、熱湯につける、ザルに上げて拭いて戻す……。それを、兄、僕、妹と並んでローテーションで延々と回していきます。

特に夜のお皿洗いは過酷《かこく》で、夜中の12時を回ることもしばしば。眠くて仕方がなかったのですが、終わらないと寝れなかったので、しぶしぶ皿洗いをしていたというのが正直なところです。

また、食べ物にこだわりを持っていた両親は、農薬を山ほどかけた輸入の小麦粉でつくられたパンを食べさせる給食に大反対でした。そのため、僕たちきょうだいは給食を食べさせてもらえず、学校にお弁当を持っていかされていました。

お弁当といってもハンバーグやエビフライなどではありません。ほうれん草のお浸しや煮豆など茶色系のおかずが多く、たくあんなどの発酵食品も必ず入っていました。

最悪なのが夏場です。発酵食品なので、文字どおり発酵する。すると同級生たちが、

「耕太、臭い」と言います。別に僕が臭いわけじゃないのはわかっていますが、子どもは思ったことをそのまま口にするもの。「おまえと一緒に食うのヤダ！」「おまえくせえな〜、どっかで食べてくれよ」と言われて、僕は傷ついてしまいました。

だから、給食の時間になるとお腹が痛いふりをし、お弁当を持ってトイレに駆け込み、トイレの中で食べることもしょっちゅうでした。

苦手なことを1000回続ければ人生は変わる

思春期の僕にとって、親のやっていることがどんなにいいことかわかっていても、やっぱりみんなと一緒に遊びたいし、みんなと同じ給食を食べたい、添加物が入っていてもお菓子を食べたかったのです。でも、両親は絶対にそれを許してくれませんでした。

また、僕は病気がちで体も小さくて弱かったため、いじめられることもありました。

そんなことから学校になじめなくなり、中学1年生の1学期に、父に「学校をやめたい」と相談したのです。すると父は、「学校をやめることは大賛成だ」と言いました。義務教育にもかかわらず、です。そして、こう言いました。

「おまえができる〝苦手なこと〟や〝嫌いなこと〟を、たったひとつでいいから毎日続けてみなさい。1000回超えたら人生が変わるから」

学校をやめることを父に賛成されると一気に不安になり、学校は毎日行こうと強く心に決めました（笑）。

僕はそのとき、これまでの父を思い返してみました。

生後すぐ、「化膿性髄膜炎《かのうせいずいまくえん》と水頭症にかかっていて、生きるのが難しい」と医者に言われた僕の病気を、見事に完治させた父。民宿を始めたものの最初の1年はお客さんがまったく訪れず、それでもたくさんのお客さんがきてくれると信じてスリッパを買い足していた父。「わら」への数々の嫌がらせもポジティブにとらえて解決してきた父。

今までどんなこともプラスにとらえて、人生を変えてきた父を目《ま》の当たりにしていた僕は、父の言葉を信じてみることにしたのです。

僕は、自分が苦手なことって何だろう……と考えました。読み書きも苦手、計算も苦手。

ですが、もっとも苦手なことだったのが、「トイレそうじ」だと気づきました。

「わら」のトイレそうじは、僕にとってすごく苦痛でした。なぜなら、お客さんは平気であちこち汚すし、何よりも臭い。酔っ払いの人が泊まったときは、もうひどいものです。

自分が汚したものならそうじができますが、人の汚したものはそうじしたくない。しかも、宿にはトイレが4つもあって、学校に行く前にそのトイレそうじをしなくてはいけないというのは、僕にとって本当にイヤで仕方がないことでした。

トイレそうじは嫌いな僕でしたが、トイレという空間は好きでした。

学校で親のつくったお弁当を食べるときも、クラスのみんなからいじめられたときも、いつしかトイレに逃げ込むようになり、ひとりになれる狭い空間にいると、すごく落ち着いたのです。

また、「わら」が有名になるにつれて、父親もカリスマ的存在になり、いろいろな人たちが取り巻くようになりました。外に出ると、あの「わら」の宿の息子ということで、いろいろな大人たちがちやほやしてくる。そのたびにいい子を演じなくてはならなくなって、そんな自分も苦しかったのです。

そんなときにトイレに入ると、自分だけの空間がつくれてホッとできる。トイレは、自分らしくいられる場所であり、僕にとって特別な場所になっていったのです。

見えない部分の汚れは、現実に対する不安や恐れそのもの

トイレそうじは苦手だけど、トイレという空間は好き。そんな理由から、僕は毎朝、学校に行く前に、宿のトイレそうじをすることに決めました。

でも正直なところ、最初の1年間は褒められるためにやっていました。「トイレそうじを続けられて、えらいね」、そんなふうに人から褒められるのが嬉しくて、ただただ続けていた感じです。

ところが、1年もたつと、僕がトイレそうじをするのが当たり前になり、誰からも褒められなくなってきました。誰も見てくれないなら、手を抜こうかな……という気持ちもむくむく湧き上がってきました。

でも、1年間1日も休まず続けてきたトイレそうじをやめるのも、なかなか決心がいる

ことです。「こんなに悩むなら、もっと早くやめればよかった……」といった、妙な感情も湧いてきました。

そこでもう一度、よく考えてみました。すると、実はそんなにトイレそうじをイヤだと思っていない自分がいることに気づきました。そして、「だったら、続けてみよう」と思ったのです。


トイレそうじ2年目。何のためにやっているのか目的がはっきりしないせいか、気持ちはまだ晴れないままでした。けれども、毎日毎日続けました。

トイレそうじ3年目。少し心に余裕ができ始め、初めてトイレの空間をゆっくり観察してみました。すると、そうじは行き届いているのに、トイレの空間が〝なんとなく〟気になったのです。僕は、この〝なんとなく〟気になる、小さな心の変化を大事にしてみようと思いました。

便器に座ったり、寝っ転がったり、便器を抱えてみたり、いろいろな角度から空間を観察してみると、普段の行動では見えなかった裏側の部分が見えてくるようになりました。表面はとてもキレイなのに、見えていない、いえ、見ようとしていなかった場所に、ホコりや汚れがかなりたまっていたのです。

そこでその、気になっている部分をキレイにしてみました。見えないからいいやと思っていたところを、時間をかけて丁寧にそうじしてみたのです。

すると、どんな変化があったか。

思いのほか心が楽になって、心地よさや幸せな気分があふれてきたのです。

と同時に、今まで表面的な汚れしか見ず、見えない部分の汚れに背を向けていた自分に気づきました。それまでの2年間はただトイレそうじを続けていただけで、触れたくない場所は、見て見ぬふりをしていたのです。

そのことに気づき、背を向けていた部分を抵抗なく受け入れることができたとき、汚いという勝手な「思い込み」が外れ、心の奥底にある「現実と向き合う不安や恐れ」が取り払われたような感覚に陥《おちい》ったのです。


この気づきは「人生が輝くそうじメソッド」の原点となりました。

〝なんとなく〟気になる、〝なんとなく〟落ち着かないといった感情は、何か変化が起こる前兆のようなものです。ですから、この感覚が湧いてきたときは、立ち止まって空間を観察してみること。見えない部分、見ようとしていなかった部分を特に注意して見ることです。

僕は、**「見たくない場所」「見たくない物」には、その人の人生において、無意識下で感情整理できていない自分がいる**と考えています。

不安や恐れといった感情の滞《とどこお》りがあるので、あえて表面的なことしか見ない。その結果、普段意識しないような場所、つまり、隠れている場所や見たくない場所に汚れがたまったり、物をため込んだりしてしまうのです。

そこにこそ、その人の感情や過去のわだかまり、未来への不安や恐れがある。だからこそ、そこを解消するために「見えないところを輝かせるそうじ」が有効なのです。

「問い」を持って「気づき」を得る習慣を身につける

見えない場所が輝くと、これまで整理できていなかった感情に光を当てることになります。そうすることで、徐々に心のブロックが外れ、自分の抱いている不安や恐れが見えてきます。感情整理ができていないときは、まだ見ぬ自分をさらけ出すことは恐怖でしかないのですが、一度さらけ出せると、それは恐怖ではなくなる。人は見えないから恐怖を抱くのです。見えて、正体が何だったのかに気づくと怖くなくなります。

みなさんもあるはずです。普段は無意識に避けている場所、見ないようにしている物のたまり場……。あえて、意識して探してみてください。そして、そこをキレイにしてみてください。心のブロックが外れた感覚、感じていただけると思います。

無意識だった場所や物に「意識を向ける」ことは、つまり「問いを持つ」ということです。「問い」を持つと、自然と答えが出てくる。それは「気づき」です。

・見ないようにしていたものはなかっただろうか？
・気づかないふりをしようとしている場所はないだろうか？
・なかったことにしようとしている物はないだろうか？

そういった「問い」を持つ。

すると、

・トイレの裏側を見ないようにしていた。
・押入れの中に物をため込んでいた。

・まったく窓を開けない、人も入らない部屋があった。

という「気づき」を得る。

気づいた場所や物をキレイにし、片づけることで、何が変わるかというと、「空間」が変わります。

なんだか息が詰まりそうな空間やどんよりとした空間、清々《すがすが》しい気持ちになれる空間、ホッとする空間など、空間から受ける感覚がさまざまあることは、みなさん実感としてわかると思います。そのなかでも、マイナスイメージの「空間」が心地よく感じられる空間に変わると、自ずと心のわだかまり、心のブロックが解消される。結果、どうなるかというと、「自己肯定感」が上がります。

よく、「心が落ち着いている人は、身のまわりがキレイで整理整頓《せいりせいとん》されている」といわれますが、僕は、逆だと思っています。

身のまわりをキレイにしようと実践するから、心が落ち着くし、「自己肯定感」が上がる。

キレイな空間に身を置くから「自己肯定感」が上がるわけではありません。キレイな空間になるように「そうじをする」「行動する」「体を動かす」「ぞうきんで磨く」から、「自己肯定感」が上がるのです。

感情と汚れはリンクしている

「人生が輝くそうじメソッド」は、**見えない部分や隠れている場所に焦点を当てる**ことが大きなポイントです。見えない部分とはどこかというと、トイレの裏側、トイレの穴の奥、洗面所やお風呂の排水溝、台所の換気扇、道路の排水溝のたまり場などです。

その家の住人やそこで働く人たちに感情の滞りがあると、その見えない部分に汚れとしてたまってしまうので、そこをそうじすることによって、空間がいい空気で満たされ、そこにいる人たちが元気になれる。すると、自分が今までこだわってきたことや、不安、恐れといった感情が消えていき、「本来の自分」として輝き始めるようになるのです。

実は、見えている部分と見えていない部分の関係は、先ほどお話しした顕在意識と潜在意識の関係と同じです。見えている場所が顕在意識、見えていない場所が潜在意識となります。見えている場所は、そうじをしやすいので比較的キレイですが、見えない部分は「後でやろう」「きっと誰かがやってくれるだろう」と、つい億劫《おっくう》がったり、そこに汚れが

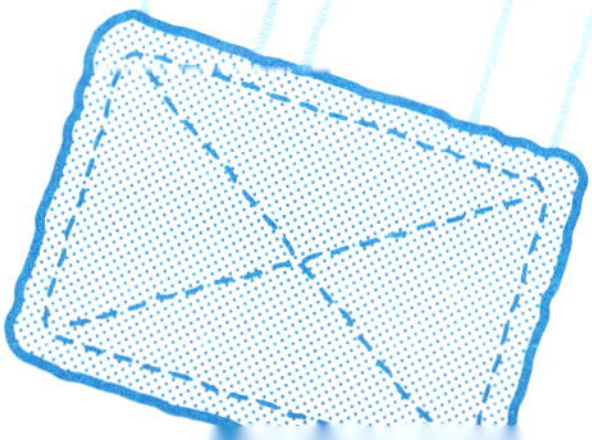

存在していることにすら気づいていない場合がほとんどです。

しかし、見えている場所だけ磨くというのは、内面を磨かずに、オシャレな洋服を着たり、お化粧をしたりして外見だけ着飾っているのと一緒。そういう人は、一見、キレイには見えますが、よくよくつき合ってみると、さほど中身がなかったり、ボロが出たりしがちです。

一方、外見を着飾っていなくても内面が美しく輝いている人とは、話せば話すほど深みが出て、人間的な魅力を感じたりするものです。

つまり、内面が輝いている人というのは、心のブロックが解除されていて、本当の自分を知っているので、外見を取り繕《つくろ》う必要はなく、ただいるだけでその人本来の美しさが表れているのです。

ですから、**内面を輝かせたいと思うのなら、見えない部分をそうじすること**です。見えない部分をそうじすることで、さまざまな「気づき」が生まれてきますから、必ず内面が輝くようになる。内面が輝けばその人自身も輝いていく、そんな構造になっているのです。

自分が見たくない部分に向き合ったとき、本来の自分が輝き出す

そうじの講座で、トイレを素手で磨いたり、素手で奥のほうに手を突っ込んで汚れを取り除いたりする姿を見せると、たいてい悲鳴が上がります。冒頭でみなさんに体験していただきましたが、実際に見ていただくと、さらに衝撃は強いようです。

衝撃を与えるトイレそうじって、すごいですよね（笑）。

なぜ、たかがトイレそうじに打ちのめされるのか。

トイレの穴の奥にある見えない汚れは、自分が見ないようにしている、触れられたくない心のわだかまりであり、それをがっつり摑《つか》まれるような感覚なのでしょう。

見せたくない自分が、引きずり出されるように感じるのかもしれません。

まさに「汚れ」は、自分の弱い部分。弱い部分や、「ま、いいか」とそのままにしている部分が、自分のいる空間の見えない場所に、汚れとしてたまっているのです。

自分の弱い部分を永遠に放っておけるのならそれでもいいのですが、いつか向き合わなければならないときが必ずきます。弱い部分があると、人間関係も仕事もあらゆる場面で

限界がきてしまい、つまずくようになっているからです。

つまり、**見えないところをそうじすることは、自分の人生のなかでフタをした場所の感情に触れる**ということ。

子どもたちの前で、素手でトイレそうじをすることもよくあるのですが、彼らは悲鳴を上げるどころか、歓喜《かんき》の声を上げます。「僕もやってみたい」「私もやる！」と好奇心を持ってやろうとするのです。子どもたちには、「メンタル・ブロック」ができあがっていませんし、感情の滞りやわだかまりもありません。だから、まったく抵抗がない。子どもが幸せそうに見えるのは、「メンタル・ブロック」がなく、ありのままの姿だからです。

ですから、トイレそうじを素手でやることに抵抗がなくなってきたら、「メンタル・ブロック」が外れ、自分をさらけ出せるようになった証拠。僕も、まだ自分で気づいていない「メンタル・ブロック」がありますが、そうじを通してだいぶ自分をさらけ出せるようになってきたように思います。今では、他人の汚したものを見ると、宝のように見えます。なぜなら、そこには、自分の「メンタル・ブロック」を外すカギがあると思うからです。

だから僕はこう思うのです。

人がやりたくないと思う場所ほど宝物が詰まっていて、そこをそうじすればするほど、自分が輝き、幸せが返ってくる。宇宙の法則として、投げかけたもの、自分が発したものは必ず自分に返ってくる。磨いたら、自分が磨かれるのです。シンプルだけど、決して例外のない宇宙の法則です。

裏を輝かせることができれば、本質を見抜く力がつく

そう考えると、**「そうじ」は、これまで適当に扱ってきた一つひとつのことに焦点を当て、自分はどう生きていきたいかを問うていく、一種の儀式**のようなものだといってもいいのかもしれません。

僕が関わっている「和楽《わら》プロジェクト」では、災害に負けない心と体をつくるという目的で、2011年から福島の親子連れの数家族に参加していただき、約1カ月間ほど民宿「わら」で過ごすという体験をしてもらっています。

幼い子どもを抱え、原発問題に不安を感じながらも必死に子どもたちを守ろうとしているお母さんたち。そんなお母さん、そしてその子どもたちに、そうじや命を大切にする食事づくりなどを通して、自分にとって本当に大切なことは何かを知ってほしいという一心で行っています。

最初、不安げな顔をしていた参加者たちも、1カ月、「人生が輝くそうじメソッド」を続けてもらうと、心のブロックが外れてきて、さまざまな問題を自分事としてとらえられるようになり、自分を輝かせて生きることの楽しさを感じてくれるようになります。

これは実際に1カ月続けて実感してみないとちんぷんかんぷんかもしれませんが、参加された人たちは、くる前とまったく違う表情になって帰っていきます。

見たくなかった汚れと向き合い、裏を磨くことを実践したことで、心のブロックが外れ、内面が磨かれていったのだと、僕は確信しています。**裏を磨くということは、つまり、表をどんなふうに輝かせるかを考えるということ**です。

裏を輝かせることができるようになれば、本質を見抜く力が身についてくる。見た目だけに左右されない、裏側にある本質に焦点を当てられるようになるからです。

続けることで そうじ本来の目的が見えてくる

僕はそうじで人生を輝かせる方法をたくさんの人に伝えていますが、どれだけ伝えても
やっぱりそうじが苦手だし、毎日そうじをするのは憂鬱《ゆううつ》という方がいます。
わかります。僕ももともとそうじが大嫌いで仕方がなかったのですから。

僕は、そういう方には、こうお伝えしています。
1日3秒のそうじを21日間続けてみて、と。

僕も最初はイヤでした。だから、イヤイヤやっていたのです。
ただ、やめなかった。今考えると、そこが大きな差になりました。
イヤイヤだったけど続けていたら、気持ちが変わってきたのです。

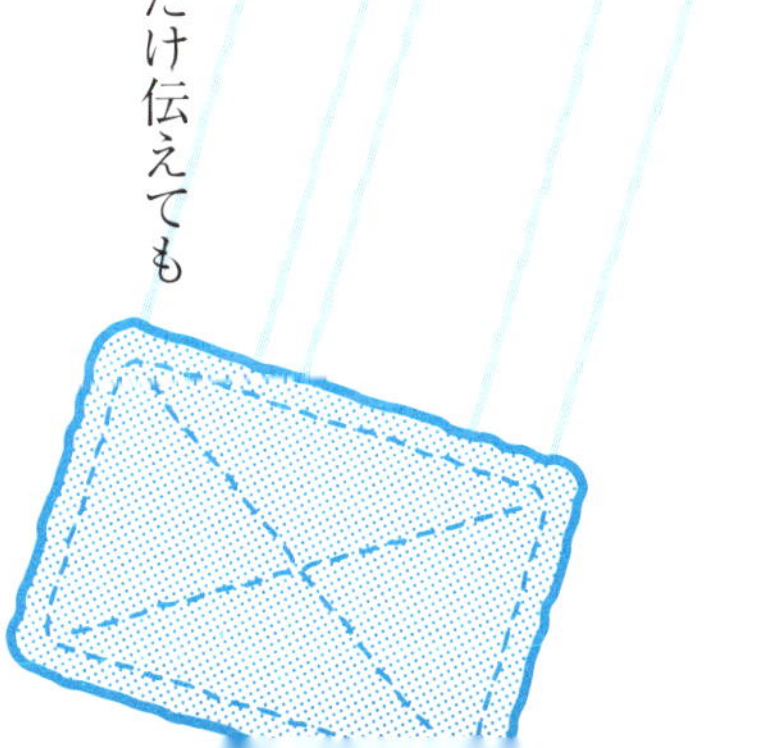

僕は、中学を卒業した後、先にニュージーランドのシュタイナースクールに通っていた兄を追いかけて留学しました。6年間、ニュージーランドで過ごしましたが、僕はそのニュージーランドでも、ホームステイさせていただいた家のそうじを続けていました。

英語がまったく上達しない僕には、そうじしか取り柄《とりえ》がない。だったらそうじをやり続けようと思ったのです。

ただ、家を勝手にそうじされると嫌がる人もいるので、みんなが寝静まった後、ピンポイントで汚れている場所だけをキレイにしました。よくやったのは、キッチンとトイレの水回り。今日は蛇口の部分だけキレイにしようなどと1カ所決めて、夜中にひたすらピカピカになるまで磨きました。

そうじしようと決めた場所は、僕が気になるところです。僕が気になる部分を拭くと、僕の心が磨かれる。僕の心が磨かれると、僕が笑顔になれる。すると、まわりの人たちが僕を助けたくなるし、仕事を任せたくなる……そういう現象が起きるようになってきたのです。

たとえば、ホームステイ先ではなかなか英語でコミュニケーションを取れなかったのですが、「ちょっと草刈りやってくれる?」などとホストファミリーがお願いしてくれるようになり、会話が生まれるようになりました。シャイな僕としては、それだけでもすごく嬉しかったのです。

その後、両親も人生を楽しみたいと、妹を連れて、全盛期の民宿「わら」を閉めて、ニュージーランドにやってきました。

そこで僕らは、ホームステイ先を出て、家族で家を借りて暮らし始めました。しばらくすると、日本から父の生き方を見たいという人が訪れるようになったため、ニュージーランドの自宅を開放して「わらニュージー」というオーベルジュを開業することになりました。「わらニュージー」で、父がつくるフルコースをふるまいながら、オーガニックマーケットなどを回るツアーの仕事なども始めたのです。

僕もツアー客を空港まで迎えにいったり、観光案内をするなど、バイトをさせてもらいながら学校に通う日々を過ごしていました。

そんな生活を送るなかで、ただ、トイレそうじだけはひたすら続け、僕のなかでさらなる変化が生まれていました。

そうじの目的が変わってきたのです。それまで「キレイにしよう、キレイにしよう」と思ってそうじをしてきました。でも、そうじをすると心が磨かれることを実感し始め、目的を「心を磨く、魂を磨く」ことに置き始めたのです。

キレイにするより「続ける力」を身につける

最初はイヤイヤでも、そうじの目的が変わるまで続けてみると、その後は無理をしなくても続けられるようになります。

ですから、最初は、とにかく1日3秒でいいから、21日間本気で、心を入れてそうじをしてみてください。たとえば、玄関のたたきをぞうきんで3回拭く。机の上をぞうきんで3回拭く。3秒で十分です。

なぜ21日かというと、「21日祈願」という言葉もあるほど日本人になじみやすい期間だからです。1カ月続けようと思うと気が滅入《めい》るかもしれませんが、3週間なら少し気も楽になります（笑）。

1日3秒なら誰でもできます。1日3秒を21日間続けるだけなら、なんだかできそうな気がしてきませんか？

「3秒でキレイになんかならない」と思われるかもしれませんが、大丈夫です。

そうじが苦手、そうじが憂鬱と思っている人が今乗り越えるべきは、「続けること」ですから。

続けていたら、イヤでもキレイになっていきます。だから、今はキレイにすることを考えるのではなく、まずは誰にでもできることを「続けること」だけに重きを置いてください。

続けていくうちに、少しずつですが心がゆるんできて、空間が心地よく変わっていくのがわかります。人は話を聞いただけではなかなか腰を上げませんが、自分で実感できたときには本気で取り組みたいと思えるようになるものです。

そうじをするという動作が体に染みつくようになると、続けることが苦にならなくなり、そうしているうちに心が変わり、次第に目的も変わってくるはずです。

経営ノウハウゼロの僕が売り上げを上げた理由

ニュージーランドで過ごしていた18歳のとき、僕にとって大きな転機ともいえる、運命の出会いがありました。それは、首都圏を中心に展開する「おむすび権米衛」の岩井社長。岩井社長もまた、日本から「わらニュージー」を訪ねてきてくれたひとりでした。

勉強してもなかなか英語を話せるようにならない僕は、兄や妹からいつもバカにされていたのですが、そうじに対する僕の情熱を父はよく理解してくれていて、「わらニュージー」にくる人たちに、「耕太はトイレとコンロまわりだけは、毎日欠かさずそうじをしてくれる」「夜中の2時、3時になっても、シンクがキレイになるまで手を止めないんですよ」などと言ってくれていたのです。

きっと、「おむすび権米衛」の岩井社長がいらしたときにも、父は同じようなことを話していたのでしょう。岩井社長は、そうじを通して僕が何かを変えてくれるだろうと期待してくれたのか、面白がってくれたのかはわかりませんが、「日本に帰ってきたときに働

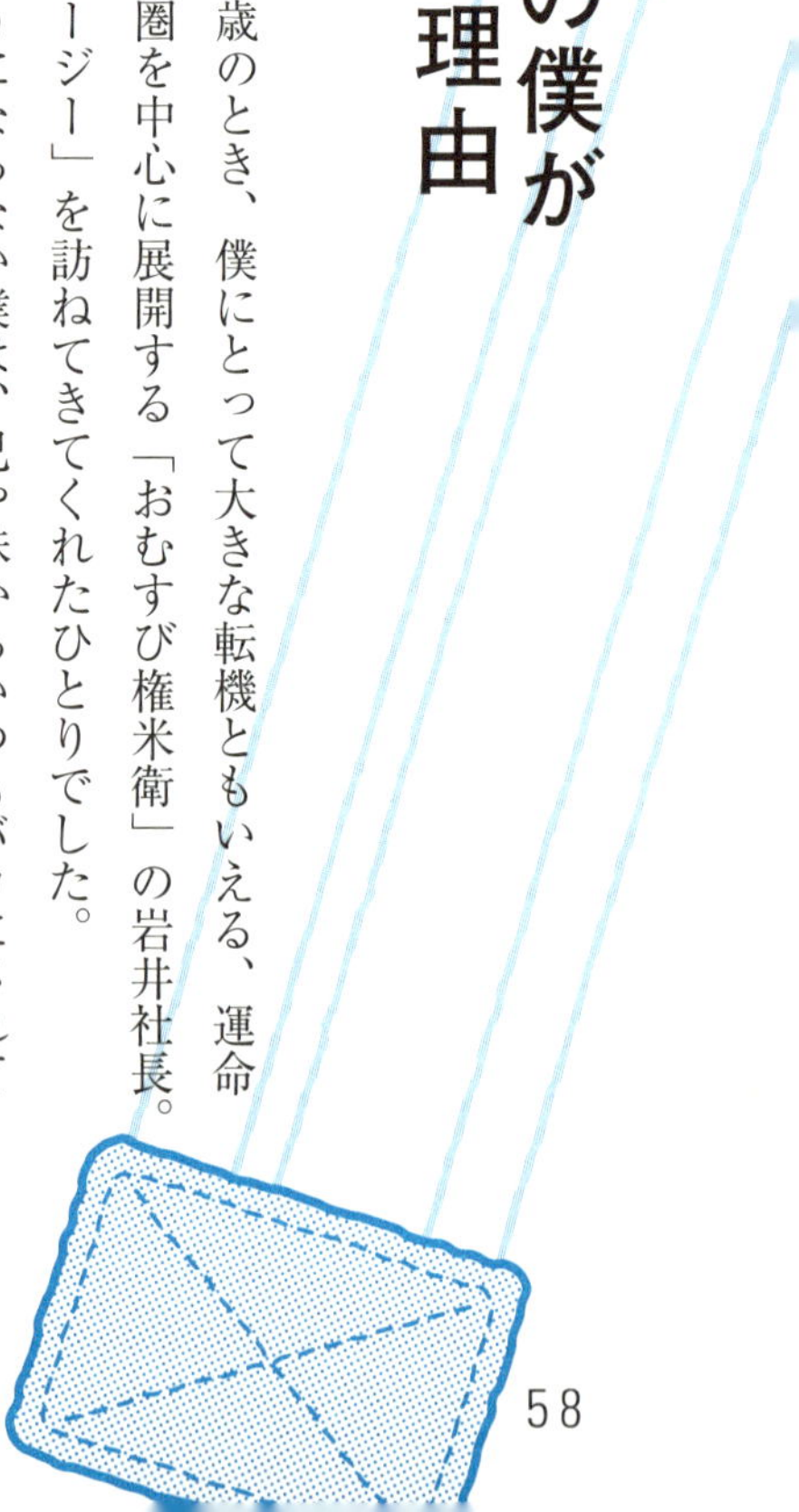

き口がなかったら、うちにきて。最初はバイトだけど、きてくれたらすごく助かるから」と言ってくれました。

とても嬉しかったのですが、「僕はそうじしかできないんです」と正直に伝えると、「そうじをしてくれたらいい」と言ってくださり、その言葉に甘えて日本に戻ってからバイトをさせてもらうことになったのです。

これまで、試行錯誤《しこうさくご》を繰り返しながら自分のために行ってきたそうじでしたが、初めてお金が発生するようになったのです。

社内での僕の立場は社長直々の特殊部隊のような感じであり、社長からは「何をしてもいいから結果を出せよ」と言われていました。

とはいっても、僕は経営のノウハウをまったく知りません。ただ、仕事の本質は人であり、食べたお客さんがまた足を運びたいお店だと思ってもらえるかどうかの場づくりにかかっていることは、民宿「わら」や「わらニュージー」の経験からも、わかっていました。

そんなお店であるためには、やはりそこで働く人たちの気持ちが深く関わってきます。

でも、僕は新参者。長年そこで働いてきた人の考え方を否定したり、意識を上げようとしても、そもそも心が通じ合っていないのですから伝わるわけがありません。

僕は考えに考え抜いた末、「その場の空間と仲良くなろう」と決めました。「空間と仲良くなる」って、またおかしなことを言い出したとお思いかもしれません。でも、僕は、真剣に「空間の流れを変えるしかない」と思ったのです。空間の流れが変われば全員が輪になるイメージが僕のなかにできていました。

無心にぞうきんがけをして見えてきたこと

僕はそれから3カ月間、「そうじのお兄さん」と化しました。そうじに徹して、床にしゃがみ込み、無心になってぞうきんで床を拭きました。床を拭きながら、お店の空気を感じ取ろうと思ったのです。

僕はただひたすらぞうきん1枚で床そうじをしていました。すると、ふと、上から人のしゃべり声が聞こえてきました。会社の悪口を言っている人もいれば、建設的な意見を言っている人もいる。ただのそうじのお兄さんとしか思っていないからか、みんな無防備《むぼうび》にいつもの自分を出しておしゃべりをしているのです。聞かれているなんて、思ってもいません。

そんな状態だったので、みんなのおしゃべりから、僕は会社の人間関係や、みんなが会社をどんなふうに思っているのかなどを知ることができたのです。

また、足元を見るのでその人のクセや体調を感じ取ることもできました。たとえば、右脚にばかり重心をかけている人は自然と体が右に曲がってしまうので、立ち仕事は疲れやすく、モチベーションも下がっていきます。本人は無意識なので気づかないのですが、そういうときに、体のクセを指摘してあげると、「まっすぐ立てて、楽になった」というふうに喜んでもらえます。

ほかにも、サンダルを履いている人には、足が蒸れないようなものを紹介してあげたり、疲れた立ち方をしている人には体調を気遣う声をかけてあげたり……。

最初の3カ月間はぞうきんがけをしていくことで、普段見えない部分を見ることができるようになったのです。

ほかにも、みんなはどこをそうじしていないのかに意識を向けながら、このお店の汚れは、どこにどう動いていくのかも観察しました。すると、たとえば換気扇やシンクの排水溝に汚れが多くたまっていることがわかりました。たまった感情のわだかまりが換気扇や排水溝に汚れとなってとどまり、空間がよどんでいました。汚れやホコリ、空間を観察することで、何に問題があるのかが徐々に見えてきました。

でも、そこをすぐにはそうじしませんでした。僕が取り除くことは簡単ですが、僕が取ってしまうと、相手の気づく力を奪うことになってしまいますし、いきなり換気扇や排水溝をそうじする姿を見せられたら、急に触れられたくない気持ちをわしづかみにされたような不快な気持ちを感じるでしょう。そうじの押しつけは、かえって空気によどみを生じさせてしまう可能性があります。

最初は決まったそうじの時間に、みんなと一緒にそこをそうじする。あくまでもできる範囲でやっていきました。そうしていくうちに、30分かけてそうじをしていたところが、10分でできるようになり、みんながリラックスしているときに、気になるところをささっとそうじして、よどみを取り除いていきました。

汚れを取るにつれ売り上げも上昇!

お店の中で、みんなが手をつけたがらない場所がありました。それは大きな飲食店なら必ずある浄化槽《じょうかそう》で、グリストラップと呼ばれるもの。そのまま流すと汚染水になるので、まずお店で消毒をしてから流さなければならない決まりになっています。

そのグリストラップは、サイズはいろいろなのですが、大型店舗で使用しているものはかなり大きくて、しかも油でギトギト。バイトの人たちは「汚い」と文句を言いながらイヤイヤそうじをしているのですが、そうするとその汚いという感情がそこでつくられている商品の上に乗っかってしまいます。不思議な話のように聞こえますが、**観察者の視線(意識)が対象物に影響を与えることは、量子力学ではすでに実証されています。**

みなさんも、「何かこのお店の食べ物は食べたくないな……」と直感で感じることがあるでしょう。そういった感情は、見えない空間から無意識のうちに伝わっているのです。

僕は、そういった負のエネルギーの流れを変えようと、スーツのまま浄化槽の中につかり、ヘドロまみれになりながら汚れを取り除きました。

スーツで浄化槽に入ったので、みんなの目は点になっていましたが、僕は汚れが根こそぎ取れるので快感。こうして汚れを取り除いて空間と仲良くなっていくことで、お店の雰囲気もどんどんよくなっていって、売り上げも上がり始めました。

ちなみに、そういった話を聞いた神戸の居酒屋「ワクワク本舗」や「ごちそう酒房段」からも依頼があり、同様のそうじを行った結果、150％の利益増になりました。

僕が汚れに気がつき動いたことで、スタッフも気づいて動いた。結果、空間が変わり、お客さんが動いた。このお店でつくられたおにぎりや料理はおいしそうだと思ってもらえたら、自然とお客さんが集まり始めたのです。

そうじをしても現実が変わらないわけ

僕のセミナーで、見えない部分や誰も触れたくない部分をそうじすると幸せになれる、という話を聞くと、多くの方は「だったらやってみよう！」と思い、これまで触れなかった場所にこわごわ触れて、そうじをし始めます。

しかし、家族関係がよくなるために、病気を治すために、売り上げを上げるためにそうじをすると、残念ながら目的どおりにいかず、虚《むな》しさだけが残るという悪循環に陥ってしまいます。

僕が提案する**「人生が輝くそうじメソッド」の目的は、「自分自身を磨くこと」「自分自身を認めること」**です。今どんな自分であっても、今どんな感情を持っていても、見えないところをキレイにするそうじをすることで「気づき」が得られ、わだかまりが解消し、結果、自分自身を認められるようになります。自分をありのまま受け入れることができるようになったら、ぎくしゃくしていた家族関係がよくなったり、不調だった体調がよく

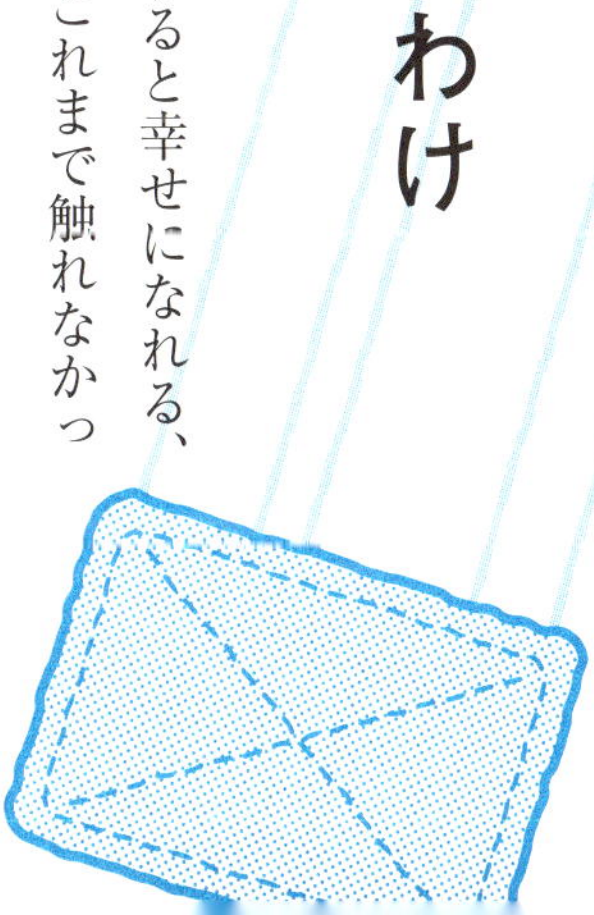

なったりするのは当然のことです。**自分を取り巻く問題は、すべて自分に起因することだと気づくことができるから**です。他人のせいにしなくなれば、自分が変われば、まわりが変わります。まわりが変われば空間が変わります。そんな心地よい人や空間に囲まれて生きている自分を、もっと認めることができるでしょう。精神的にも、身体的にも、ストレスが減ります。

そうじをしても人生が好転しない人は、最初から目的もやり方も違います。自分を取り巻く問題の原因は自分のなかにあるのではなく、自分の外にあると思っている。だから、そうじをすれば、「なんだかわからないけど運が向いてくる気がする」と、「気づき」を得ようとしないまま、ただそうじをしているにすぎないのです。

幸せな人生を送るカギは、見えないものを「ある」と信じること

信頼や愛情、感謝のほか、嬉しい、悲しい、大好き、大嫌いなどといった感情は形とし

てはまったく見えないのに、私たちはその見えない感情によって、自分が「幸せ」か「不幸せ」かをはかっています。体だってそうです。細胞や血管、内臓の一つひとつは見えないのに、私たちはそれなくしては生きられないと知っています。

そのくらい「見えないもの」は大事だとわかっているのに、実生活のなかでは、表に見えるものばかりを大事にし、見えない裏側はおろそかにしがちです。

菌もホコリも、肉眼ではなかなか見えないし、ホコリはその性質として見えにくい裏側にたまります。見えないからとついおろそかにしがちですが、そこに目を配ること、意識を向けることこそ、普段おろそかにしている自分のなかの「見えないもの」に「気づく」こと、そのものなのです。

自分を満たすそうじが何よりも最優先

僕が提案するそうじ法には、ステップがあります。

まず、**初めは「自分自身を満たすそうじ」を行う、それができて初めて、「自分以外の人を思いやるそうじ」を行う。**この順番がとても重要です。

なぜなら、自分が満たされていないのに、ほかの人を喜ばせるそうじはできないからです。自分は不幸せだと思っているのに、相手のことを思いやり、心から感謝することは不可能です。

たとえば、家族と一緒に住んでいる人なら、人の汚したところもそうじをしなければなりません。そのときに、よくありがちなのが、トイレそうじをめぐるイライラ。

ご主人が立ってオシッコをするので、それが壁にはねて黄色くなってしまう。そこをそうじするのは、妻である自分。何で、そうじをする人のことを考えてキレイに使ってくれないのか……。そう思う人がほとんどでしょう。

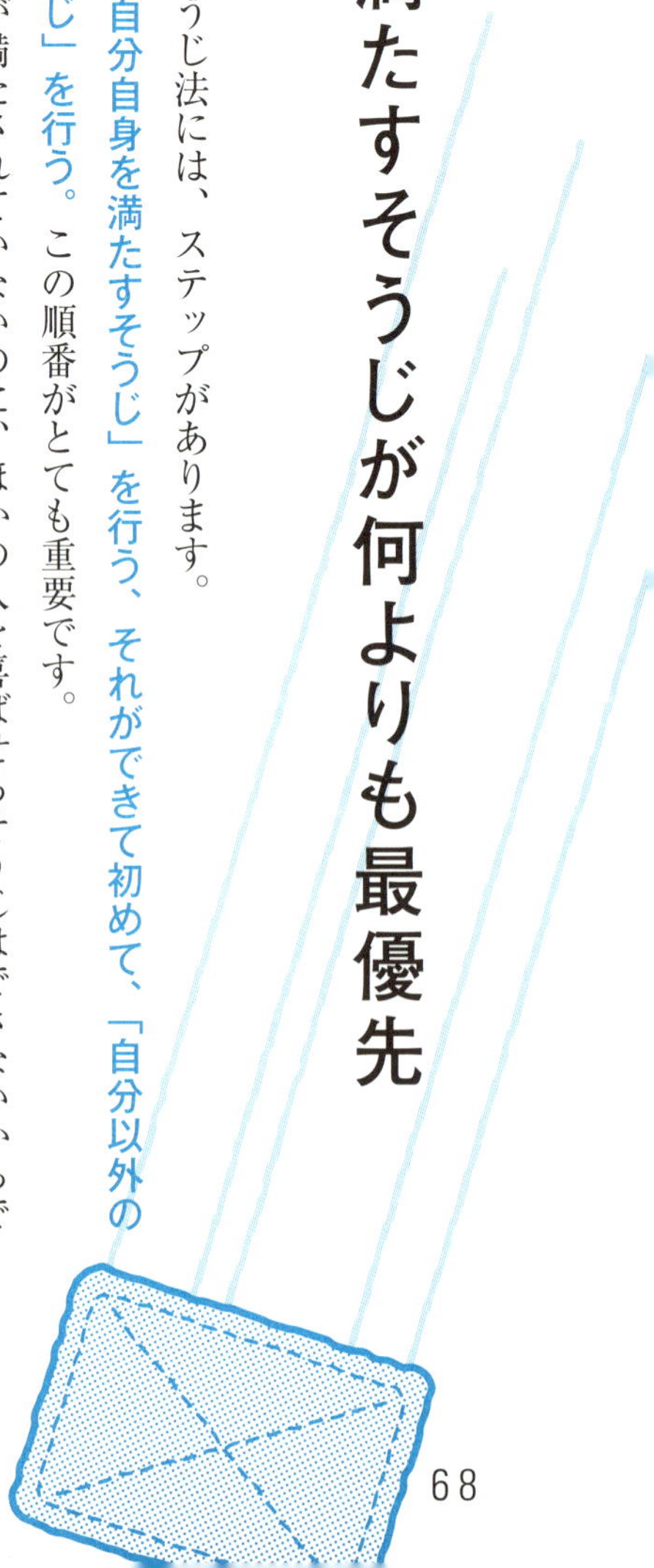

なぜそう思ってしまうのかというと、相手に認められるためにそうじをしているからです。家族は誰もそうじに協力してくれない、結局大変な思いをするのはいつも自分、なのに誰も褒めてくれないし感謝の言葉ひとつかけてくれない……。

こんなふうに、相手が認めるか認めないかで価値が決まるようなそうじをしている限り、自分が満たされることはないので、自分を好きになることはできません。

この根底には、「夫にキレイにトイレを使ってほしい」、つまり、自分は変わらないけれど相手には変わってほしいという願望が隠れています。そして、残念ながら、この願望を持っている限り、人の汚したものをそうじすることには抵抗を持ち続けることになるのです。

そういう僕も、中学1年生から始めたトイレそうじの目的は「褒められること」でした。でも、いくら褒められても、そうじをしたそばからお客さんが汚していくので、「何でキレイに使ってくれないんだ！」と不満でいっぱいだったのです。

そんな僕の様子を見てか、民宿「わら」で働く研修生たちは、「耕太さん、トイレそうじゃっていて、本当に楽しい?」「そんなこと、よくできるね」などと話しかけてくるのです。そのたびに僕の心のなかで、「自分はいったい何のためにトイレそうじをしているんだろう」と自問自答が続きました。

今考えると、まわりからどう見られるかばかり気にしていて「キレイにしなきゃ認めてもらえない」「きちんとそうじをしなければ自分はダメな人間だ」という思い込みにとらわれていたのでしょう。つまり、自分を満たしていないのに、他人に喜ばれることばかり考えていたのです。

この「人生が輝くそうじメソッド」は、最終的に、人の汚れも喜んでそうじできるようになれます。なぜなら、まず徹底的に、自分自身を満たしてあげることを行うから。自分自身が喜びながらそうじをすれば、相手の汚したものも汚いものだと思う気持ちがなくなるのです。具体的には、第3章で解説していきます。

第２章

空間や物に残る感情が幸不幸を生み出す

空間や物には感情が残る

「人生が輝くそうじメソッド」の大前提として、ぜひ知っておいてほしいことがあります。それは、**空間や物には感情が残る**ということ。

すでに何度もお話ししていますが、初めての場所に足を踏み入れたとき、なんとなく居心地が悪い、なんとなく心地いい、という雰囲気を肌で感じることがありますよね。目に見えないのに、なぜわかるのかというと、**私たちにはその場の空気を読む能力があるから**です。

では、その場の空気はどうやってつくられるのかというと、その場にいる人たちの感情でつくられます。たとえば、何も話さなくてもすごく怒っている人がいると、その場の空気が凍りつくような緊張した雰囲気になります。ドイツの詩人・ゲーテの「人間の最大の罪は不機嫌である」という有名な言葉がありますが、まさにそのとおりで、空間や物には、その場にいる人たちの感情が残るのです。

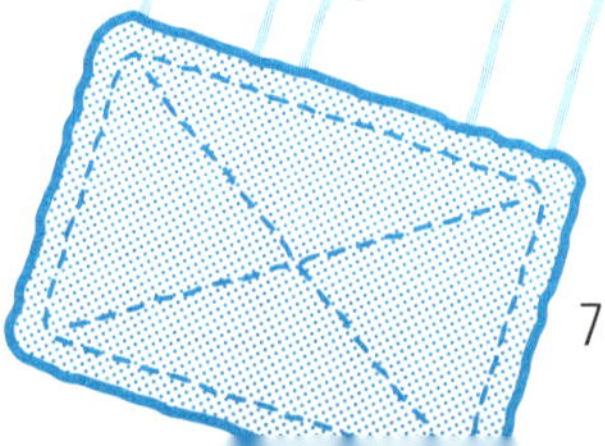

犯罪件数が減ったニューヨーク

その場の空気感は、都市全体のイメージも変えてしまうほどの力を持ちます。

1980年代、アメリカのニューヨークでは年に60万件以上もの凶悪犯罪が起きていました。ところが、90年代に入ると犯罪件数が激減したのです。

いったい何が起こったのか……。地下鉄の車両に描かれた落書きを徹底的に消して、地下鉄をそうじし続けたのです。当時の、交通局のデヴィット・ガン局長は、犯罪都市ニューヨークのイメージを一新するため、5年をかけて地下鉄に描かれた落書きを消し続けました。

すると、ニューヨークの凶悪犯罪は減少し始め、なんと地下鉄での発生率は75％減に。犯罪を取り締まるよりも、落書きを消すことで犯罪件数が減ったということの事実は、乱れたその場の空気を清めることで、その都市に住む人の気持ちも変えてしまったということを証明しました。空気感を変えることで、都市全体のイメージさえ変えることができるとは、とても興味深い話です。

見えないところを磨くと、見えるところが光り出す

僕が大好きな言葉のひとつに、次の文章があります。


【空気に表れる】

大行列のできるお寿司屋さんがあります。

きっとおいしいんだろうなと思った。

店に入って食べているとわかった。

ただおいしいだけじゃない。いるだけで心地いいのです。

このお寿司屋さんは、食べにきてくれるお客様を大事にするだけでなく、取引先を大事にすることでも有名だということです。

取引先でも、このお店の担当者になりたがる人が多いそうです。

つまり、仕事に関わるすべての人を徹底的に大事にするというポリシーなのです。

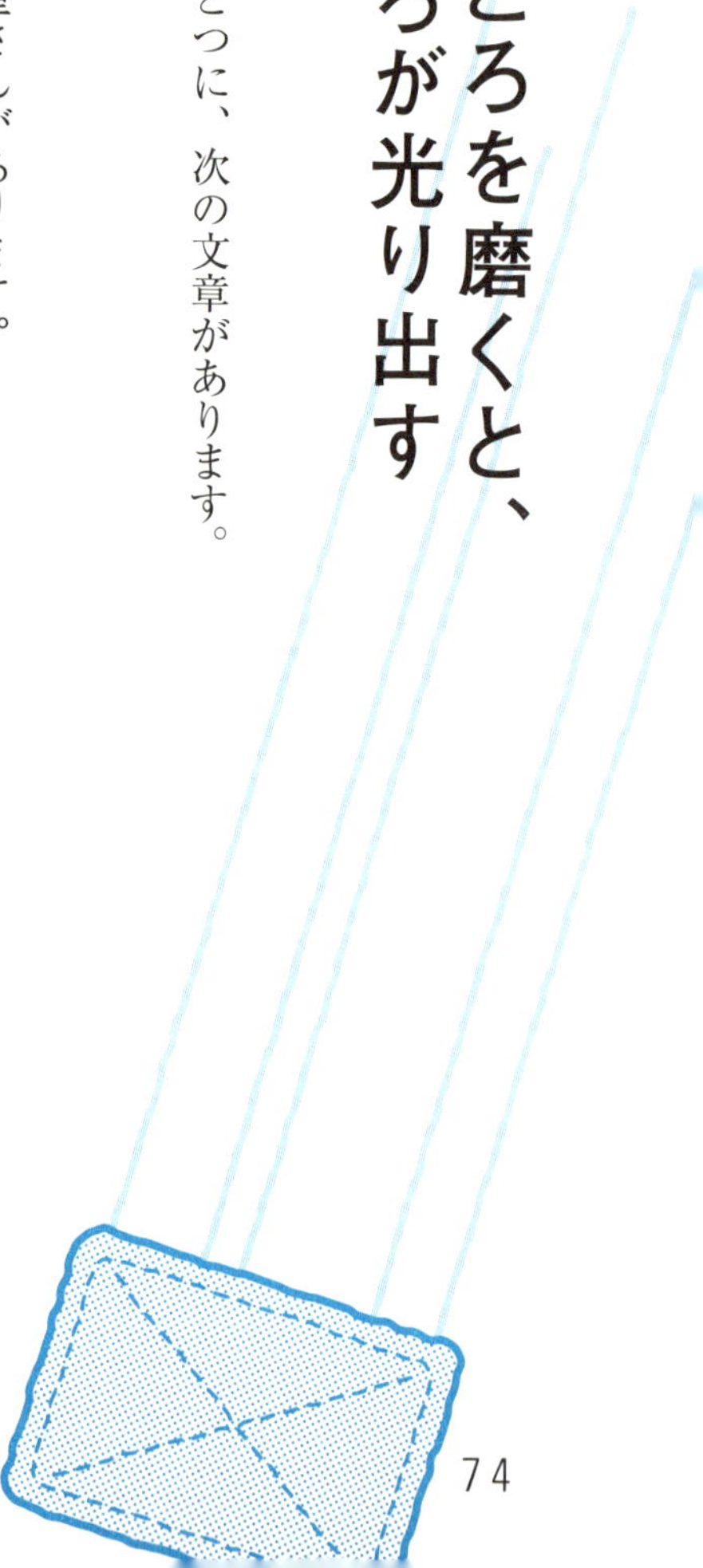

このポリシーは店の中にも表れます。

どこに表れるかというと、【空気に】です。

なんとなく、ここは居心地がいいという空気に。

取引先を大切にする姿勢は、食べにくる人には見えません。

でも、見えないところを大切にする姿勢は、見えるところにちゃんと、空気として表れるものです。

そう、あなたの愛も、空気に表れます。


出どころは不明なのですが、僕はこの文章に出会って、空間は人に及ぼす大きな影響力があることを確信しました。実際、表ではいいものを売っていたとしても、裏で悪いことをしていたら、必ずお客さんは遠のきます。

僕もこれまで、いろいろな飲食店でお店の雰囲気づくりに関わってきましたが、いくら僕が頑張っても、そこで働くスタッフたちが自分さえよければいい、面倒なことには関わりたくないと思っている限り、そのお店の雰囲気を改善させることはできません。残念ですが、そういうお店は、３年も持たずに閉店となることもしばしばです。

この空気感をつくるのは、そこにいる人たちの感情ですから、どんな感情を持つかで変わってきます。たとえば、飲食店のスタッフたちがみな、野菜をつくってくれる農家の方や、魚を獲ってくれる漁師の方など、その末端の人にまで思いを馳《は》せることができれば、その愛や感謝の感情がお店を包むので、温かくて軽い空気になります。

目には見えなくても人はその空気をかぎ取りますから、〝なんとなく〟そのお店に立ち寄りたくなり、結果、繁盛していくのです。

このように感情はその場の空気感をつくるので、私たちは自分の感情に責任を持たなければなりません。ネガティブな感情をまき散らすのは、自ら汚れをばらまいているようなもの。心地いい空間には程遠くなってしまいます。停滞した空気を一掃《いっそう》するためにも、そうじを通して自分自身を内観していく作業は大切です。

物に意識を向けて、空間を整える

あなたは、物や家に意識を向けているでしょうか？
実は、自分が過ごす部屋や、乗っている車、所有している物をどう使うかは、明らかに幸せとリンクしています。

以前、プロ野球選手が試合のときに常宿にしているホテルの支配人が、興味深い話をしてくれました。それは、ヒットを打つ人の部屋は、毎回キレイに整理整頓されているということ。

選手たちが宿泊した翌朝、ベッドメイキングのために清掃係が部屋に入ると、タオルやシーツ、布団がぐちゃぐちゃになっている選手の部屋もあれば、キレイに整理整頓されている部屋もあるそうですが、ヒットを打つ選手というのは、たいていシーツがまっすぐになっている、布団がたたんである、タオルはバスタブの中にひとまとめにしてあるなど空間が整えられているそうです。

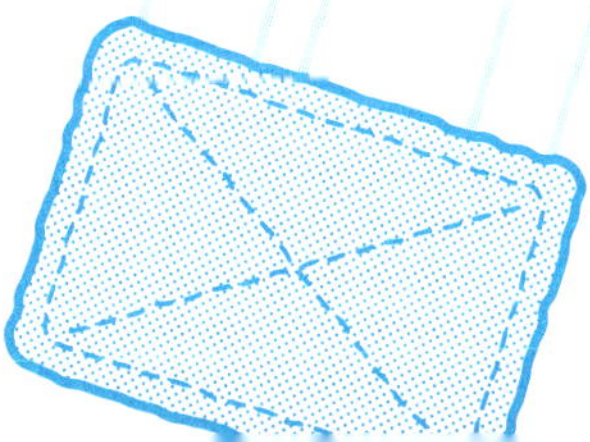

逆に、いつも整理整頓をしていく選手の布団がぐちゃぐちゃになっていると、その日は見事にヒットが打てないのだそう。

心の余裕や、自分が過ごした空間への愛情は、ダイレクトにその人の人生の幸不幸を決めているということなのです。

空間や物は自分そのもの

空間や物を大切にする選手は、なぜヒットを打つ確率が高まるのかというと、空間や物がその選手の味方となってくれるからです。

先ほど、空間や物には感情が残ると言いましたが、僕は、空間や物はただそこにあるのではなく、生き物と同じように意識があると思って接しています。

物が散乱している部屋と整理整頓されている部屋を思い浮かべてみてください。そのふたつの空間から受ける感情の差は明らかだと思います。

もっと言えば、僕は、**物や空間＝自分自身**と考えています。その場の空気感をつくるのが自分だとしたら、その場にある物や空間は自分を反映したもの、つまり、自分自身なのです。そう考えて、物や空間を大切に扱い、心を込めて感謝を伝えていきます。すると、**自分にやさしくしたことになるので、自然と自分にいい結果が返ってくる**のです。

僕は、空間や物にも名前をつけて呼んでいます。僕たちも名前を呼ばれたら嬉しいもの。それと同じように、空間や物にも意識があるのなら、名前をつけて呼んであげたら、かわいがってもらえることを喜び、さらにあなたの味方になろうとしてくれるはずです。

毎年、世界中の風変わりな研究をしている個人やグループを表彰する「イグノーベル賞」があります。2009年に獣医学賞を受賞したイギリスの研究チームは、名前をつけて育てた乳牛のほうが、名前をつけなかった乳牛よりも、1頭につき、1日1リットルほどミルクの量が増えることを証明しました。愛着が結果を変えたのです。

恥ずかしいことを白状しますが、僕はトイレに「ハニーちゃん」という名前をつけています（笑）。僕は、時間がなくてトイレそうじができなかったときは、トイレにハグをして会話をします。「ハニーちゃん、明日は一生懸命そうじするから、今日はごめんね。

チュッ♡」といった具合です。

バカらしいですよね（笑）。よくわかっています。でも、自分がトイレだとしたら、眉間にシワを寄せてトイレをそうじされるより、そうじはできないけどハグされたほうが嬉しいはずです。

ソニーの創業者、井深大《いぶかまさる》氏がこんなことを言っています。

「働くお母さんたちは、出かける前に子どもを8秒間抱きしめてあげなさい」

忙しいお母さんたちが、手をかけすぎず、放置しすぎないで子どもにきちんと愛情を伝えられる絶妙な時間なのだそうです。だから、僕もトイレにハグするときは8秒です（笑）。


僕が尊敬する新潟の不動産会社の会長さんは、自分が乗っている車に「エスティマちゃん」という名前をつけ、車に愛情を込めて呼びかけながら、毎日ハグをされています。

その会長さんがこう言われました。

「この車は僕そのもの。だから、僕という車をかわいがることで、僕が輝いていく。僕は不動産のスキルをそれほど持っていなくても、なぜか『あなたに不動産を預けたい。あなたに不動産を見てもらいたい』っていう人がいっぱいくるんだよね。僕は特に何の努力もしていない。でも、僕が大切にしているものを輝かせると、勝手にスタッフが輝くんだよ」

きっと、物に愛情を向けて大切にしている会長さんの雰囲気がそのままスタッフに伝わって、そこにはいい人材が自然に集まってくるのでしょう。

ぜひみなさんにも実践していただきたいのですが、家族がいる方は、家族がいる前でやるとかなり恥ずかしい思いをするので（笑）、最初はひとりのときにやってみてください。

空間をつくっているのはそこにいる全員の責任です。だから、ひとりでも空間に心を寄せてやさしくしてあげるだけで、その空間はずいぶん変わり始めます。

物のない暮らしは本当にいいのか

「散らかす人は怠《なま》け者、という考えは誤解であり、部屋や仕事場が散らかっているからといって、頭の中まで散らかっているわけではない」

シニアライターのジョン・ハルティヴァンガー氏は、ウェブメディア「ＥＬＩＴＥ ＤＡＩＬＹ」の中でこう言っています。

彼の言い分はこうです。

整理整頓はとても素晴らしいが、世の中には常に整理整頓されているものはなく、時間がたてば散らかるもの。片づけられない人はその真実を知っていて、彼らは作法やしきたりに支配されない。散らかった状態を楽しめるということです。

また、アインシュタインをはじめ成功をおさめた有名人に片づけられなかった人は多くいて、散らかった状態からひらめきが生まれることは往々にしてあることです。

さらに、片づけられない人は、細かいことに思い悩むよりも全体に目を向け、身近でもっとも大切な課題にすべての時間と労力を注ぐ傾向にあるといいます。

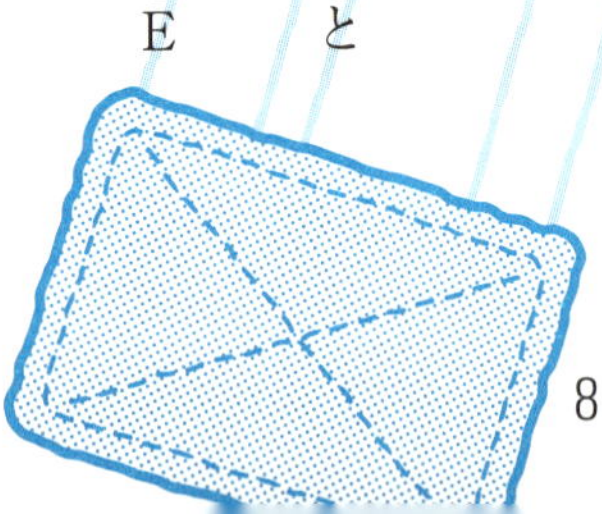

今、部屋を片づける、物を捨てることがブームで、極端なほど物を持たない暮らしも流行しています。もちろん、それでスッキリと、ストレスなく暮らせるのならいいと思うのですが、僕は、自分の好きな物に囲まれて過ごすことも、とても素敵なことだと思います。

たとえば、ぬいぐるみがいっぱいあると安心する、アンティークの小物が好き、本に囲まれていると気分がいい……のだとしたら、ぬいぐるみやアンティークの小物、本が部屋中にあってもいいのではないでしょうか？

すぐに流行を追う風潮《ふうちょう》に流されず、自分がもっとも心地いい、落ち着くと思う家に住むことのほうがとても大事です。整理整頓が悪い習慣とも、散らかっているのが悪い習慣とも言っているわけではありません。どちらにおいても、物や空間に意識が向いていて、**その物が今の自分にとって必要であり、その物がなければ心が落ち着かないのであれば、それは自分にとって必要だということ。**そうであるなら、同じ散らかっている状態だったとしても、空間はまったく違ってきます。

好きな物を見極める感覚を研ぎ澄ませる

実は、そうじの目的が部屋をキレイにするためと思っている人は、その根底には、〝まだ自分は部屋をキレイにできていない〟〝キレイにできていない自分はダメ〟という前提があります。だから、一度そうじをしたとしてもすぐにもとに戻ってしまうのです。

では、**常に部屋をキレイにしておける人は、どんな人かというと、自分の好きな物がわかっていて、好きじゃないものは不要だと認識できている人**です。自分の感覚が研ぎ澄まされているので、自分にとって一番欲しい物がわかるのです。

つまり、「自分がどんな空間で過ごしたいか」「どうなりたいか」がわかっている人になれると、本来の自分らしい家に住もうと思えるので、居心地のいい空間がつくれます。

物が少なくて心もスッキリしていればいいのですが、逆に殺伐《さつばつ》としていて寂しさを感じるようであれば、本当に自分の好きな物、好きな空間とはどんなものなのかを、もう一度考えてみることも大切です。

物や空間が一番大きなダメージを受けるのは、無視されること

僕は、物や空間がどれくらい感情の影響を受けるのか、目に見える形で表すために、スーパーで売っている普通の食パンを使って実験しました。
まず、食パンをそれぞれ3つの保存容器に1枚ずつ入れて、3部屋に分けて置きます。1枚目のパンには「愛してるよ♡」とラブコールを、2枚目のパンには「バカ野郎～」と怒りを吐き出し、3枚目のパンには何も声をかけずただ一瞥《いちべつ》して無視をする。これを21日間、繰り返しました。

何日も置いておけば、3枚ともカビが生えることは誰にでもわかります。でも、この3枚には大きな差が生まれました。

21日後。「愛してるよ♡」と声をかけた1枚目のパンには白カビが、「バカ野郎～」と声をかけた2枚目のパンには青カビが、そして、無視をした3枚目のパンにはイカ墨のように真っ黒のカビがポンポンはじけるようにすごいスピードで生えたのです。

この実験は多くの方がされていますが、多くの場合、同様の結果が得られるようです。

この結果からわかったことは、空間や物も人間の感情を敏感に察知《さっち》していて、「愛」も「怒り」も「無視」もすべて伝わるということ。カビは僕たちの心をそのまま真似《まね》て反応していただけだったのです。


怒りをぶつけたほうが、無視されるよりもダメージが少ないのは、怒っているときはコミュニケーションがあり、気にかけられていると感じるからなのでしょう。つまり、いないもの同然として扱われる、無視されることほど、つらいことはないということなのです。

僕のそうじの目的は、自分を認めることと言いましたが、**自分を認めるためには、まず空間や物も全部あなたの感情を汲み取っていると実感すること**です。「人よりうまくできない自分だけど愛おしい」と、**自分のできない部分を認めるためには、そんな自分を応援してくれる環境が必要**です。

その場をいくら形ばかりキレイにしても、あなたがイライラしていたり、怒っていたりしたら、その空間に流れる空気は滞ったままなので、冷たさを感じさせる空間の中に、さらに不満がたまっていく一方です。

反対に、あなたが空間や物を自分自身と考え、愛を注いでいけば、自分で自分に愛を注ぐことになるので、その空間は温かくなり、ぬくぬくした空気があなたを包み込むでしょう。そんな中にいるあなたは、自分の弱さも、できない部分も、認めることができるようになる。つまり、「気づき」が起こる。


あなたの空間や物をもう一度見直してみましょう。

乱暴に扱っているものはありませんか？

無視しているものはありませんか？

縁があってあなたのそばにいる物や空間は、いつだって、あなたの味方になりたがっています。ぜひ意識を向けてみてください。必ず、あなたを幸せに導いてくれるようになるでしょう。

抱えている感情は物に飛ぶ

つらく、悲しい感情を解放できず抱えたままでいると、そのわだかまりが家の中の見えない場所を中心に、汚れとなってたまることは第1章で話したとおりですが、同時に、物にもその思いが飛ぶことがあります。

あるとき、クライアントの女性の方から、家の中を見てほしいと依頼されました。その方の家に入ると、とても暗い感じがしました。

そこで、まずはトイレに行き、水が流れていく穴の裏側に手を突っ込んで、汚れを取り除きました。でも、まだ空間がスッキリしません。

そのとき、彼女がぽつりぽつりと娘さんの話をしてくれました。

娘さんはある事件に巻き込まれて亡くなってしまったそうですが、まだ犯人が見つからず、未解決事件になっているのだそうです。そんな状態なので、お母さんの心の整理がまったくつかず、娘さんの部屋の物を何もいじれないとおっしゃいました。

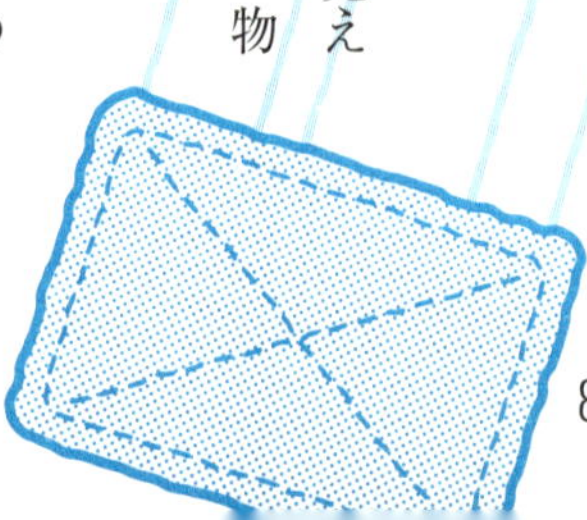

そこで、娘さんの部屋を見せてもらいました。確かにそこから真っ暗な念を感じます。僕は、「無理をしなくてもいいから、できるときに、娘さんの物に一つひとつ触れて、声をかけてあげてください」と言いました。

それでもまだ何かスッキリしません。そのまま玄関のほうに行くと、1匹の猫の置き物があり、その猫にものすごく重たい念を感じました。

聞くと、この猫の置き物は、お母さん自身がお気に入りのキャラクターで、とてもかわいがっていたそうですが、娘さんの事件のことがあって以来、娘さんのことで頭がいっぱいになってしまい、存在を忘れていたようです。

僕には、霊視ができたり、見えないものが見えたりという不思議な力は一切ありません。ですが、物や空間に意識を向ける感覚を研ぎ澄ませられれば、そこに流れる空気がどんなものかを感じ取る力は、誰もが身につけられると確信しています。

僕は、彼女にこう言いました。

「この猫の置き物はあなた自身だと思います。毎日1回でいいので『つらかったね』と声をかけてあげてください。無視されていたわけじゃないってことに気づいたこの猫の置き物は、あなたの心の悲しみのフタを取り去ってくれると思います」

家の入口である玄関に、重たい念があったので、この家全体が暗く停滞していたのです。

物には手放すタイミングがある

物に意識を向けることは本当に大切です。物も人間と同じで無視されたくないと思っているからです。

とはいえ、忙しい毎日を送っていれば物の存在を忘れてしまい、意識を向けられないこともあるでしょう。そんなときは、時間のあるときに、物の一つひとつに触れながら、「私にとって、これは本当に必要だろうか？」と3回くらい唱えて自分に問いかけてみましょう。

すると、「まだ一緒にいたい」と感じる物と、「あれ？ この物がなくても、私大丈夫だ」と感じる物に分かれます。

もし、手に取った物がなくなっても自分は大丈夫と思えたときは、お別れのサイン。「今まで本当にありがとう」と伝えて手放してください。

たとえば、子どもの頃から持っていた人形などは、捨てるのに躊躇《ちゅうちょ》します。成長するにつれてもう自分に必要がなくなっているのに、捨てたら悪いことが起きるんじゃないかと考え、大切にできないのになかなか捨てられずにいる。そんな状態でいると、あなたの罪悪感を人形が抱え込み、その空間の空気が重たくなります。

そんなときは思い切って手放してしまってもいいのです。昔はかわいがっていたとしても、今は必要でなくなったのなら、「今までありがとう」と感謝をして捨てることで、物も喜びます。手放すことであなたのわだかまっていた感情が解放されるので、部屋全体の空気も軽くなります。

物が捨てられないという人は、ぜひ、一つひとつの物と対話をするように向き合ってみてください。この習慣をつけていくと、今の自分に必要な物と、そうでない物が直感でわかるようになります。

物には作り手の感情も乗っかっている

僕はときどき、体の中にため込んだものを一度外に出すため断食《だんじき》をします。断食をすると、自分の感覚がどんどん研ぎ澄まされていくのがわかります。実は、物を手放すことも断食と似ていて、物が少なくなってくると、自分にとって必要じゃない物が見えてきて、あらゆる物に対する感度が上がってくるようになります。

そうなると、自然といい物を選びたくなります。なぜなら、物にはつくった人の感情が転写されているからです。

たとえば、同じ料理を食べるのにも、大量生産されたお皿にのせて食べるのと、一枚一枚丁寧に心を込めてつくられたお皿にのせて食べるのとでは、後者のお皿にのせたほうがおいしく感じるし、ゆっくり味わって食べたくなるものです。

それは、丁寧につくられたお皿には、高い技術と誇り高き作り手のポジティブな思いが乗る傾向にあるから。食べる人はお皿からその思いを無意識に受け取って、味に反映させているように感じます。

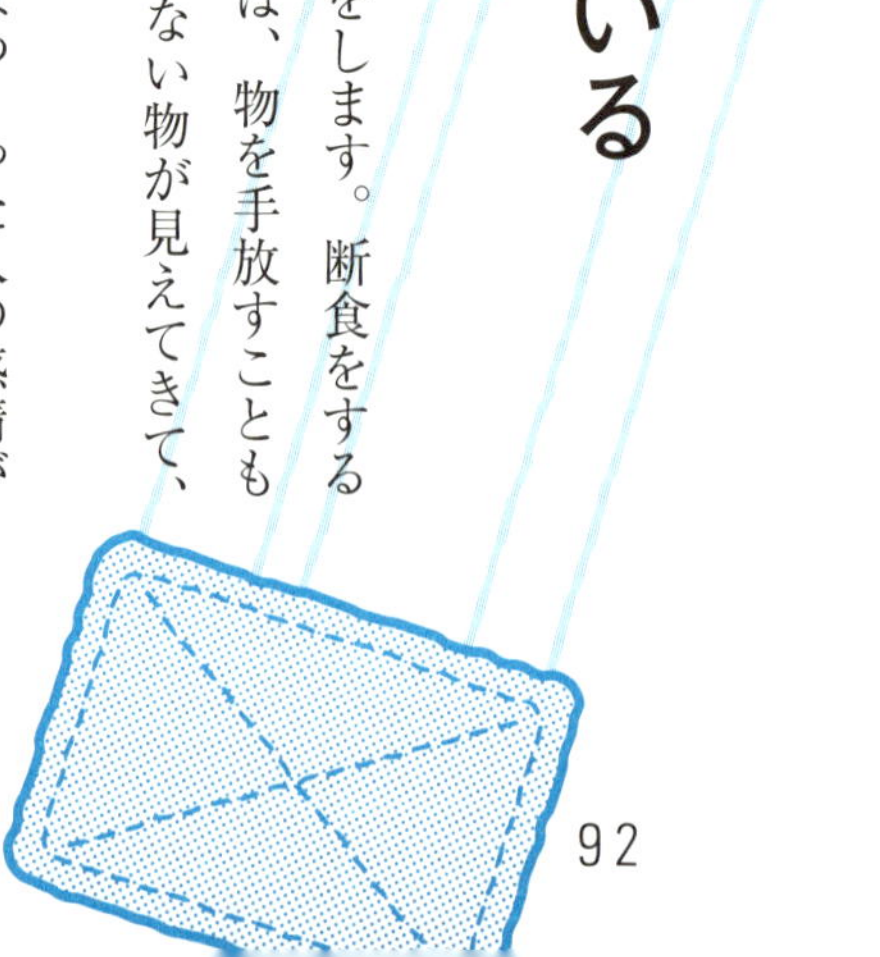

僕がいつも一緒に仕事をしている相棒、やまちゃんこと、山室顕規《やまむろあきのり》さんは、ホオノキという木材でまな板をつくっていますが、1年先まで注文の予約が入っています。

僕も使わせてもらっていますが、ほかのまな板に比べて食材がスッと切れる、まるでまな板が呼吸をしているかのようです。これも感覚によるものですが、これだけ多くの人から注文がくるということは、多くの人も同じように感じているのでしょう。

なぜそんなまな板になるのかというと、やまちゃんの高い技術ももちろんですが、やまちゃんはまな板をつくるときに「本当にありがとう」と木材を抱っこしながらつくるからです（笑）。物には意識があると言いましたが、まさに、**物は作り手に愛されたか、愛されなかったかによって、その性質が変わる**のです。

実を言うと、あなたが読んでいるこの本も、僕はできあがった原稿を抱っこしながら「本当にありがとう」と言いました（笑）。きっとあなたが読んでいるこの本にも、僕の感情が乗っかっていることでしょう。

ちなみに、安い物はダメなのかというと、そうではありません。使う人が喜びを持って使い続けてあげれば、必ず愛があふれる物に変わっていきます。物にはどんな感情も乗っかります。ですから、物を使う側の人たちは、物に愛着を持ってみてください。すると、物はとても喜んで、幸せも一緒に引き連れてきてくれるのです。

ホコリは神様

先日、テレビのドキュメンタリー番組で、とても繁盛しているお菓子問屋を経営しているごきょうだいが取材されていました。おふたりとも70代くらいのおじいちゃんですが、朝4時起きで、4時半に出勤しているのだそうです。

会社にきて最初にやることは、すべてのお菓子に対して「お菓子さん、今日もよろしくお願いします。お菓子の神様、今日も生活させてもらってありがとうございます」と声をかけること。それを起業したときからずっと続けているのだとか。

僕はこの話を聞いて、とても共感しました。僕もホコリが神様だと思っているからです。いや、もっと言うと、すべてのものに神様が宿っていると思っているからです。

そう確信するようになった原点は、自分の記憶にない生まれてすぐの頃にあります。

僕は生後8カ月のとき、化膿性髄膜炎と水頭症にかかりました。気がついたときには手遅れで、医者からは「まず命はない。万が一助かっても言語障害か何らかの後遺症が残る。

助かるだけでもありがたいと思ってくれ」と言われたそうです。

子どもが死ぬという現実を突きつけられた父と母は、大きなショックを受けましたが、「自分たちの子どもが死ぬわけはない」と信じ、入院で抗生物質入りの点滴をするかたわら、仕事をやめて本気の看病をしてくれました。

まず、乳飲み子だった僕の命は母乳でできているということで、徹底的に母乳をキレイにするため、母の食事は玄米と、野菜のうまみを最大に引き出す重ね煮の味噌汁のみ。また、母乳は血液でできていることから、キレイな血液をつくるため、病院のまわりをランニングしたり、ヨガや操体法《そうたいほう》で健康を保ったりして、体を整える努力もしてくれました。

さらに、父は民間療法の里芋湿布《しっぷ》をつくってくれました。里芋湿布とは、すりおろした里芋と小麦粉を混ぜて、それをガーゼでくるみ患部に貼るというものです。すると里芋が毒素を吸い取ってくれるのですが、これを4時間ごとに取り換えるため、父は1日中、里芋の買い出しに走り、大量の里芋をおろし金ですって、里芋湿布をつくっては病室まで持ってきて貼り換えてくれる、ということを繰り返し行ってくれたのです。

化膿性髄膜炎、水頭症という病気は脳が圧迫されて、脳が腐っていく病気です。最初は腕に刺していた点滴の針も、次第に打つ場所がなくなり、直接頭に刺さなければいけなくなりました。針を自分で取らないようにと入院中は手足をベッドに縛りつけられ、生気のない目でただ横たわっていたそうです。

お見舞いにくる人の誰もが死を覚悟し、言葉少なだったそうですが、入院してから半年後、僕は両親の問いかけに初めて微笑み、回復へと向かい始めました。

医者に見放された病気を、両親の力で完治させることができたのです。

僕は、残念ながらこの体験を覚えてはいません。でも、父が講演でこの話をするとき、顔は笑っているのに、涙が止まらない現象が毎回起こります。

覚えていないはずなのに涙が出てくるというのは、潜在意識が覚えていて、「間違いなく、父と母は僕のためにそこまでしてくれたんだ」という確信があるからでしょう。

いいホコリと悪いホコリをつくるのも感情次第

僕が入院中、父と母は、里芋が神様だと信じていたことでしょう。目の前の里芋が子どもの命を助けるのなら、里芋を神様だと思って洗ったし、神様だと思ってすった。「神様、どうか息子の命を助けてやってほしい」と懇願《こんがん》しながら、子どもの命を救ってくれるものだと信じてすったのだと思います。

父と母の必死の感情を感じ取った里芋は、「そんなに言うんだったら、あなたの望む幸せをあげるね」と、父と母の応援団に回ってくれたに違いありません。

父と母が、わが子の化膿性髄膜炎と水頭症を治したということを知り、同じ病気にかかった我が子を何とかしたいと、民宿「わら」を訪れて、その方法を実践した人もいましたが、残念ながら助かりませんでした。

僕には医学のことはよくわかりませんし、これがすべてだとも思いませんが、どんな感情（本気）を乗せて治療にあたるかは大切なことだと思っています。「里芋湿布をすれば治るからやってみる」というだけでは、残念ながら治らないかもしれません。「必ず治る、絶対によくなるんだ！」という感情と確信を持って、里芋の力を信じて行うことが大事なのだと思います。

ホコリの話に戻ると、ホコリを神様だと思って、「ありがとう」という感情を乗せてそうじをすると、いいホコリになってくれます。いいホコリだと、ホコリがこびりつきにくくなる現象が起きるのです。一方、イヤイヤそうじをしていると、こびりついて取れにくいホコリになる。不思議な話ですが、本当です。

ホコリは忌《い》み嫌うものではなくて、自分の感情どおりにホコリがついているというのが真実。感情とホコリはリンクしています。

つまり、すべてのものには神様が宿っていて、それらに感謝をして向き合えば、必ず嬉しい結果を出してくれるのです。

第３章

「自分自身を満たすそうじ術」と「自分以外の人を思いやるそうじ術」

「好きな場所」だけそうじする

第2章では、空間や物は自分そのものであり、自分の感情がそのまま反映することを話しました。このことをしっかり頭に入れたうえで、さっそく具体的に「自分自身を満たすそうじ術」を行っていきましょう。

大好きな場所を見つける

自分自身を満たすためのそうじの第一段階は、自分の大切な場所を1カ所決めて、まずそこをそうじすることです。

たとえば、机まわり、キッチン、バスルーム、クローゼット……など。シンプルに自分が好きな場所、ここだけはキレイにしておきたいな、と思う自分にとって聖域の場所、どこか1カ所を決めて、そこからそうじを始めます。

自分にとって大切な場所をそうじの場所として限定するのは、思い入れがある場所のほ

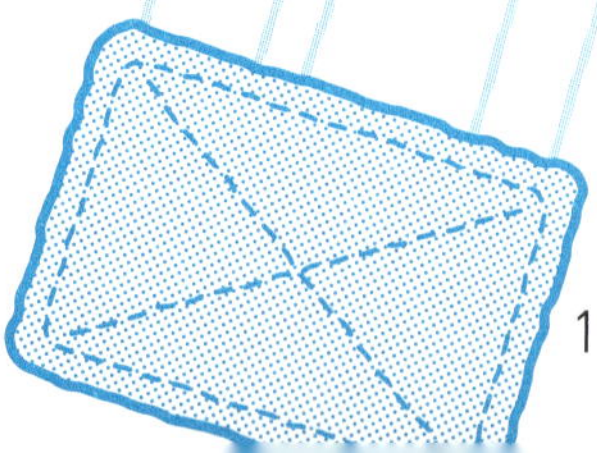

うが、キレイにしたいと思う気持ちも強く、愛着も湧くので、空間に正の感情が乗ってモチベーションが高くなるからです。

そして、自分の大好きな部分がキレイに輝いてくると、あなた自身の自信となって輝き始め、その魅力がどんどん拡散していくのを実感できるでしょう。

あなたにとって大切な1カ所を決めることから始めてください。

すべてがキレイじゃないのに繁盛する飲食店の謎

岡山市内の路地裏に中華料理屋さんがあります。おじいさんとおばあさんのふたりで経営する10席くらいしかない小さなお店で、自分たちの体の調子によって店を開けたり閉めたりといった不定休のお店です。でも、おいしいと評判でいつも混んでいます。

僕もこのお店が大好きで、もう20年くらい通っているのですが、このお店の壁やショーケースは油でギトギト。正直なことを言うと清潔さはありません。しかし、キッチンの換気扇とシンクまわりのステンレス部分はピカピカなのです。

そのことをおじいさんに伝えると、「いやもう、体力がなくてさ。でも、キッチンまわりは僕のお城だから、ここだけは絶対にキレイにするんだよね」と教えてくれました。

その心意気はやっぱり味に出ます。飲食店なのでもちろん全部がキレイであるに越したことはないのですが、おじいさんとおばあさんのふたりでやっているので、そうじできる範囲も限界があります。

そんなときに、他人にどう思われるかを気にするよりも、シンプルに「ここが好きだから、ここをそうじする」というだけで、自分も心地よくなるし、その空間自体も心地よくなるのです。

また、「今の自分にできるベストはこれくらいだから、今はここまででいい」と自分を許したうえでそうじをしているので、お客さんも許せる気持ちになるのでしょう。全員に愛されようと思っていない店主の自然体の生き方にお客さんも共感するので、お店中がキレイでなくても繁盛するのです。

このように、自分の好きな場所をそうじして、まず自分を満たしてあげることは、とても大切です。もし好きな場所がわからなければ、「どこをそうじすれば、自分が輝くか教えてください」と自分で自分に問いかけてみるのもいいでしょう。

「人の為」で「偽（善）」と書くとおり、他人によく思われたいからとか、他人を喜ばすためにそうじをするのではなく、**まずは第一ステップとして、毎日自分が関わっている場所、好きな場所をキレイにしてあげましょう。**すると、自分が満たされていくのがわかり、その場所をもっともっと好きになる。居心地のいい空間になるのです。

自分を満たすまでは、すべてをキレイにする必要はない

「自分の好きなところだけをそうじする」といっても、主婦だったら家の中を全部キレイにしなきゃいけないんじゃないか、と考える人もいます。

しかし、自分が満たされていないのに、主婦の義務だからという気持ちでそうじをしたら、その感情が家にこびりつくので、悪循環が生まれます。

たまに個人セッションで相談を受けるのですが、「完璧じゃないと子どもに影響があるんじゃないかと思ってしまう」と言う方がいます。ですが、僕から見ると逆です。「完璧

じゃなければ！」と眉間にシワを寄せてイライラしながらそうじをしているお母さんより、「完璧じゃないけど、今できる精一杯のことだから」と自分を許しながら楽しんでやるお母さんのほうが、子どもにとってよっぽど楽しい空間になる。

そうじをしていると、どうしても夫や子どもがつくった汚れが目につきます。「トイレそうじをするのは私なんだから、もっとキレイに使ってよ！」「お風呂が最後の人は、タイルくらい磨いてくれてもいいじゃない」。完璧を目指そうと思うと、どうしてもほかの家族が同じ思いでないことが気になってしまいます。けれども、そういう気持ちでトイレそうじやお風呂そうじをすれば、キレイになったとしてもその感情は必ずその空間に残ってしまうのです。

すると、なんとなくその空間にいることが息苦しくなっていくので、家が居心地の悪い場所になっていきます。そうなれば、夫が会社帰りに寄り道をしてきたり、子どもたちも家に寄りつかなくなったりするということが現実として起こるのです。

僕が出会う仕事で成功されている経営者の方は、みなさん家族に愛されていて、家が好きな人ばかりです。気持ちがいつも安定しているからこそ、自然とビジネスが成長していくのです。

「キレイにしなければ主婦失格」「片づけが苦手な自分は幸せになれない」という思い込みがある人は、ぜひそのブロックを外して、「心地よくお風呂に入るために、今日は排水溝をそうじしてみよう」などと、どこか1カ所決めてそうじをしてみてください。ほかの部分は、簡単にできる範囲でそうじをしておけばいいのです。

そのうち、いろいろな部分をそうじしたくなって、気づけば心地いい家になっているはずです。

視点を変えて、見えないところに意識を向ける

どこか1カ所、そうじをする場所が決まったら、そこを念入りにそうじしてみます。そのときのポイントが、見えないところに意識を向けること。第1章で、見えない部分に感情のわだかまりが汚れとなってたまっていると話しましたが、自分のわだかまりはどこにあるのか、探していきます。

たとえば、キッチンだったら、冷蔵庫の下とか、食器棚と壁の間とか、シンク下の収納場所とか……。普段見えない場所を見るように心がけてみると、そこに何年分ものホコリがたまっていたり、カビがびっしり生えていたりなど、衝撃的な事実が発覚します。

このとき有効なのが、その場にしゃがんだり、寝っ転がったりして、視点を変えること。いつも立って見ているところにしか目がいきませんが、姿勢を変えて視点が変わると、普段見えない汚れなどを発見することができます。視点を変えるだけで、間違いなく

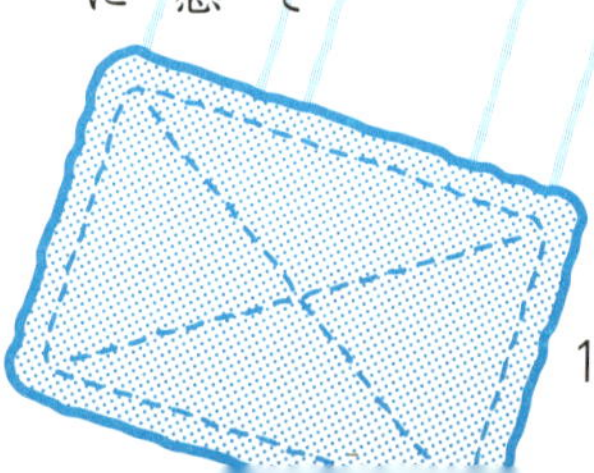

自分の見ている世界観が瞬時に変わる。これは見えない部分を輝かせるそうじでは、とても大切なことです。

たとえば、トイレそうじの話でいうと、便器をそうじするとき立ったまま腰を折り曲げてそうじをしたり、しゃがんでそうじをするだけでは、いつもの汚れしか見えません。そこで、僕は、便器の横に寝っ転がります。つまり、便器を下から見るのです。

すると、便器の裏側の汚れや、壁と便器の間の汚れなど、見たことのない世界が広がっています。実際、寝っ転がったほうがどこにどれだけ汚れがあるのかがハッキリわかるので、拭いたつもりでも残っている汚れを目で確認できます。そこを一つひとつ、清めながら取っていく。そうじの時間も短縮されますし、この目でしっかり汚れが落ちるのを確認できるので、達成感もあります。

ただし、トイレなど「汚い」というイメージのある場所で、この姿勢を取るには、感情のブロックがだいぶ外れていないとできないかもしれません。便器の裏にどんな汚れが広がっているのかを見るのは怖いもの。できれば見たくない代表的な部分のひとつだと思うのです。

子どもは喜んで寝っ転がります。やっぱり、子どもは裏を見ることを恐怖とも思わない。それくらい本質で生きているのでしょう。とはいえ、僕たちだって子どもから大人になったはずです。その過程で不安や恐れを抱いてしまったから、見えない部分を見ることが怖いのです。でも勇気を出して裏の世界を見ていけば、必ず子どもと同じ状態になるはずです。

こんなふうに視点を変えると、新しい世界が見えるようになります。便器の裏だけでなく、キッチンに寝っ転がるのも刺激的です。シンクの下、冷蔵庫の下の汚れ、それらを下から見上げると、今まで気づけなかった汚れを必ず発見できます。

そうじのときに**視点を変えることを習慣づけることで、物事に対していろいろな視点から考える力もついてくる**のです。

視点を変えたそうじは、いろいろな角度から物事を見る力を育む

小さなお子さんがいる場合は、大人が肩車をしてあげてください。子どもに上から見てもらうのです。すると、「その隅っこにクモの巣があるよ」「棚の上に蝿《はえ》が死んでる」など(笑)、大人が見えない世界を見ることができます。

子どもの頃に視点を変える楽しさを知った人は、将来、相手の見えない部分まで汲み取ろうとする力や、相手のいい部分だけでなく、裏もちゃんと見てあげようという気持ちが湧いてきます。いつも一方向からだけでなく、いろいろな角度から物事を見て、考えられる大人になれるのです。

それだけではありません。そうじのときに視点を変えると、子どもは遊びの要素が加わったように思えて、とても喜びます。僕はそうじをできるだけ汚いものにしたくありません。子どもたちには「そうじが楽しかった」「ホコリがあんなところにあった」と目を輝かせてそうじをしてもらいたい。心のブロックをつくらないようにしたいのです。

第2章の最後に、ホコリを神様だと思ってそうじをすると、ホコリがつきにくくなると言いましたが、僕は**ホコリにも意思がある**と思っています。

そう考えると、誰にも見つけてもらえず放りっぱなしにされているホコリは、どうせ自分たちには無関心なんだろうと思ってすねているわけです。ストレスが多い人の空間には、ホコリはどんどんたまっていく。気づいてほしくてどんどんたまっていきます。一方、ゆるんでいる人、好きなことをしている人の空間には、ホコリがたまりません。ホコリは気づいてもらえるから、たまる必要がない。

視点を変えたそうじで「あんなところにもホコリがある」と、ホコリを見つけてあげると、それまで関心を持たれなかったホコリに意識が向けられるので、ホコリも喜びます。さらにはその場所に手で触れてそうじをしてあげたら、結果自分自身に触れることにもなります。ホコリだけでなく、ストレスも軽減する。そうじの力は偉大なのです。

完璧よりも少しずれたそうじをする

物の置き方には、その人の性格が表れます。たとえば、靴箱に靴を入れるときも、1ミリ単位でぴったりそろえる人もいれば、適当に放り込む人もいる。テレビのリモコンをぴっちりそろえてテーブルに置かないと気が済まない人もいれば、床に置きっぱなしの人もいます。

どちらがよくて、どちらが悪いというわけではないのですが、物が曲がって置いてあると気になるという潔癖の傾向にある方は、これからどんどん生きづらくなる可能性が大。なぜなら、完璧な空間というのは、「それ以外は許さない」という空気を漂わせているので、ほかの人が入ってこられなくなるからです。

空間にゆとりがあることは、つまり、自分の心に、大切な人が入ってこられるゆとりがあるということです。人や物にいい出会いがないと感じている人は、心にスペース（余裕）がない可能性があります。

私たちが幸せを感じるときとは、やはりまわりの人たちと心を寄せ合って、まわりと楽

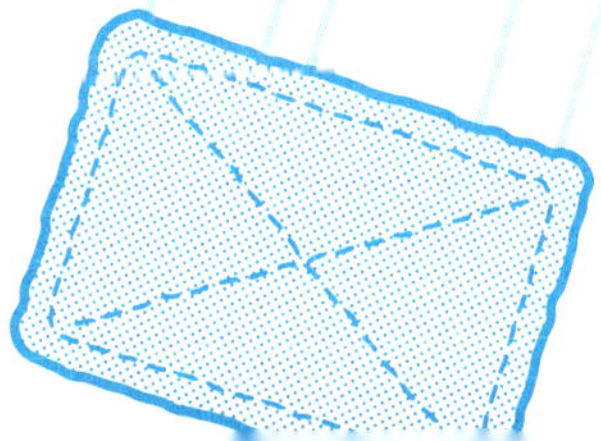

しく共存できているときです。私たちはひとりで幸せになることは難しいのです。

そこで、**他人が入ってきやすい環境をつくるために、物を少しだけずらして置いてみます。** たとえば、10足靴があったら7足はキレイにそろえて、3足は少しずらしてみる。すると、その靴の並べ方を見た人は、この人はきちんとしているけれど相手を受け入れる人間味のある人だと感じ、好感を持ってくれるのです。

このやり方は潔癖の傾向にある人だけでなく、物事を何でも完璧にしなければならない、こうあらねばならない、という完璧主義者の方にも有効です。

完璧主義者の方が物をずらしておくことを意識するだけで、自分のなかにあった「ちゃんとしなければならない」というブロックが外れやすくなります。

物をずらすことは簡単と思われるかもしれませんが、完璧主義者にとっては勇気が必要です。ところが、実際やってみて少しくらい物がずれていても普通に過ごせると、「あれ？　みんな嫌がらないいんだ」「私はこれでも生活できた！」と思えるようになり、ひとつ肩の荷が下りるのです。人生に「気づき」が生まれます。こうして家の中で少し物をずらして置いておくことで、完璧で居心地が悪かった空間は、人を受け入れる空間に変わるのです。

入口よりも出口に気をつける

僕はそうじをするとき、**入口よりも出口**に気をつけます。出口というのは、台所やトイレの換気扇、便器の中の水がたまる穴の部分、お風呂や洗面所、台所など水回りの排水溝など、家の中のものが外に出ていく部分。

家族関係や仕事、対人関係で問題を抱えていたり、お店に人が入らず困っているというときは、たいていの場合、家の「出口」部分に汚れがあり、詰まっていることがほとんどだからです。

入口よりも出口に敏感になったのは、民宿「わら」で育ったことが大きく影響しています。民宿「わら」は、早朝、雲海が見えるような山のてっぺんにあるため、排水はすべて山の上から下に流れていきます。民宿「わら」の出口から出た排水は、山の下でお米や野菜をつくっている人たちのところに届くのです。

なので、「わら」では汚れた水をなるべく出さないよう、そして、最終的には排水の水

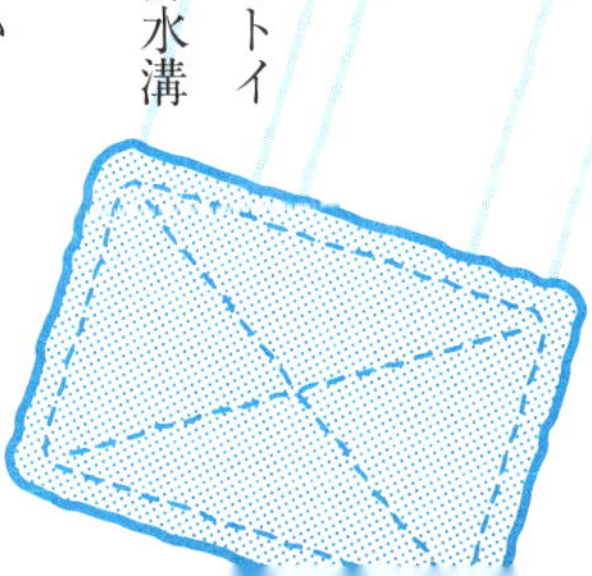

で金魚が棲《す》めるくらいキレイになるよう、浄化槽をつけたり、自然に安全な石鹸由来の洗剤を使ったりして、山の下に住む人たちに迷惑をかけないための細心の注意を払っていました。

もし、お金さえ儲《もう》かればいい、自分たちさえよければいいという気持ちで経営していたら、安い合成洗剤を使い浄化槽もつけず、汚染水をそのまま垂れ流すでしょう。しかし、それでは自分勝手な生き方をさらしているだけです。

僕たちきょうだいは、父と母からも常に、「出口には気をつけなさい。山の下の人たちに迷惑をかけない生き方をしなさい。自然に迷惑をかける生き方はわがままだ」と教えられてきました。

そのような家庭環境で育ったため、**何事にも感謝ができる生活をしている人は、出口に気をつけているはずと思うようになったのです。**

反対に、**感謝が足りない人、つまり、わだかまりを抱えているときというのは、出口が汚れる。**まるでその心の様相をそのまま表すように、出口が詰まり、空気が重たくなってしまうことがわかったのです。

ですから、なぜか居心地が悪い、毎日が苦しいなどの相談を受けると、僕はまずその家のありとあらゆる出口をチェックします。すると、実際に、ものすごい汚れがたまっていることが多く、そこを取り除いてあげることで、空間が呼吸をし始め、私たちの心もゆるんでくるという現象が起こります。

何かしら問題を抱え行き詰まっているときは、あなたの家の出口部分の汚れをひとつずつキレイにしていきましょう。そこに意識を向けられるようになると、家の空気が見違えるほどクリアになって、居心地のいい家になります。

見えない場所のそうじで、相手のいい部分が見えてくる

見えない場所をそうじするようになると、圧倒的に人間関係がよくなります。なぜなら、他者のいいところが見えてくるようになるからです。もし、今、人間関係に悩んでいたり、他者を嫉妬したり、他者と比べてしまって苦しい状況なら、ぜひ実践してみてください。効果は目に見えるほどです。

たとえばパートナー。最初に出会ったときは相手の長所にたくさん気づいて好きになったはずなのに、長年暮らしていると、イヤな部分ばかりが目立ってきて、喧嘩《けんか》が多くなり、相手を思いやれなくなることもあるでしょう。

そうした家族間の感情のわだかまりというものは、先ほど説明したように、見えないところの汚れとしてたまっています。もしそこで、あなたがその見たくない場所を見つけてキレイにしていくと、あなた自身の心のブロックが外れていくので、たとえば、今までだらしなくて汚いと思っていた夫だったのに、汚いと思っていた部分は純粋ゆえのものだっ

たのかと、視点が変わってきます。

それは、ご主人が変わったからではありません。あなた自身が、家族の想念の塊ともいえる汚れを、あなた自身の手で取り除いたことで、あなた自身が自分を愛せるようになり、そんなあなたがご主人をそのまま愛してあげたいと思うようになったからです。

また、あなた自身が愛にあふれてくるので、まわりもあなたにやさしくなるのです。


つい先日、ある経営者の奥様が教えてくれました。その方の家にお邪魔をした際、そうじの話で盛り上がったのですが、僕が帰った後、奥様がずっと気になっていたトイレのタンクの中をそうじしたくなったらしいのです。

タンクは長年手をつけていなかった場所なので、それはすごい水垢《みずあか》だったそうですが、タンクのフタをあけて中をこすってキレイにしたところ、奇跡が起きたというのです。

どんな奇跡が起こったのかというと、反抗的でいつも喧嘩口調で話しかけてくる娘さんが、家に帰ってくるなり「お母さん、今日、何かあったの？」とやさしく問いかけてくれたのだそう。

タンクそうじしかしていなかったのですが、自分と向き合いながらタンクそうじをすることで、奥様の雰囲気がやさしくなったのか、娘さんが楽しげに話しかけてきてくれたのです。タンクそうじをすることで、それまでツンツンしていた奥様の心もほどけ、家族への感謝や思いやりがあふれてきたのでしょう。娘さんはそれを敏感に察して、やさしくなったのです。

ほかにも、家族がやさしくなったという話は数え切れないほど届きます。夫がやさしくしてくれた、「お前の料理には愛があるな」と夫に褒めてもらえた、グレていた息子が素直になったなど、不思議な現象がいろいろ起こり始めるのです。

これはすべて、みんなが見たくないと目をつぶっていたところで、あなたが自分自身の感情と向き合ったから。**自分と向き合ったからこそ、まわりもあなたと向き合ってくれるようになった**のです。まさに「鏡の法則」です。こうして見えない部分を輝かせていくと、空間というものは、愛と喜びと感謝に即反応し、まず自分が変わり、そして、みんなの意識が変わっていくのです。

自分を変えたいと思いながら変えられない人はたくさんいます。そんな方こそ、ぜひ、見えない部分の汚れをそうじしてください。不要な感情のデトックスとなり、その空間は見違えるほど輝くようになるのです。

他人によく思われたいそうじをやめる

親戚や友だちが家に遊びにくるとなると、「片づけなきゃ！」と思うものです。これは、家の中の状態が心のままを表しているので、なんとなく裸の心を見られたくないと思うからです。

「他人から汚い家だと思われたくない」「汚い部分を見せるのは恥ずかしい」。そんな気持ちが湧き上がってきたときには、その気持ちにフタをせず、大いに他人を気にしてみましょう。

というのは、お客さんがくるとなれば、やっぱりキレイにしなきゃという気持ちが働くので、応急処置を取るものです。たとえば、リビングにあふれていた物をとりあえず1カ所に集めて別の部屋に移動、その部屋の扉を閉めて見えないようにするなど。

お客さんがくる前に、見える場所だけでもキレイにしようと間に合わせる努力をするのですが、面白いことに、**片づいていない部分を隠せば隠すほど、私たちの気持ちは「いつか、整理しなきゃ」と焦るようになります。**

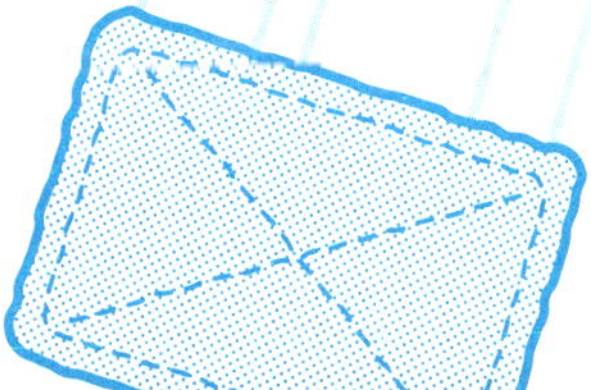

お客さんが立て続けにきて、そのたびに同じことを繰り返していたら、「もう隠し切れない！」と思うでしょう。そう思えたとき、初めて物の整理整頓、部屋のそうじをできるようになる人も多いのです。

闇の感情をデトックスすると、本来の自分に戻れる

他人に見せられない家に住んでいるということは、イコール、外でも自分を見せていないということです。耳が痛い話かもしれませんが、あなたも薄々気づいていたでしょう。

隠し切れていると思っているのは、実は自分だけ。あなたも誰かの家にお邪魔したとき、いつもキレイな家と、間に合わせるために急いで取り繕った家とでは、なんとなくその違いがわかるのではないでしょうか。

そう、他人からはけっこう見えているものです。意外にも、他者は「もっとそのままの自分を出したほうがいいのに。もっと感じるままに吐き出したらいいのに。絶対苦しいよね、あの人」と感じているものです。もちろんそれをそのまま伝えると、表面上のつき合いだった人ほど離れていくでしょう。でも、本当の友だちが残るかもしれません。

今の時代、自分を出せない、恥ずかしい、と取り繕う人がとても多いのですが、そうして仮面をかぶって生きるのもそろそろ限界になっているのではないでしょうか。もちろんバレたらバレたでイヤかもしれませんが、**自分の抱えている闇の感情というものは出したほうが、本来の自分に戻るスピードは速くなります。**

要はデトックス。出し切るまでの過程は苦しいのですが、その先には幸せがあると信じ切れていれば、その出し切るプロセスでさえ楽しめるようになるのです。

だからこそ、人に見せられないと思う部分を片づけていきましょう。自分が何十年もフタをして封印してきたものをバンと出してクリアにすると、後はずっと自分の好きな物だけを選べるようになり、どういう生き方をしたいかという軸もできるようになるものです。そんな自分になれたとき、本来の自分が輝き出し、あなたの魅力もアップしていくのです。

自分を取り繕っていたよろいを外す

家の中を他人にどう見られているかを気にしたり、この部分だけは絶対他人に見せたくない、自分の家にはあまり他人にきてほしくないと思っている人は、何かと闘っていて、感情のブロックがある人です。

多くの人は他人から羨《うらや》まれるような自分になりたいと思っています。たとえば、大きな家、高収入、たくさんの高級品、ブランドの洋服……。

でも、本来の自分は、本当に他人から羨まれるような自分になりたいと思っているのでしょうか？

「みんなちがって、みんないい」

金子みすゞの詩の一節ですが、僕は本当にそのとおりだと思っています。

みんな自分にないものを持っている人を羨むけれど、**本当は今の自分がちょうどいい**んです。だって、この現実をつくっているのは自分だし、ベストを尽くして今があるのです

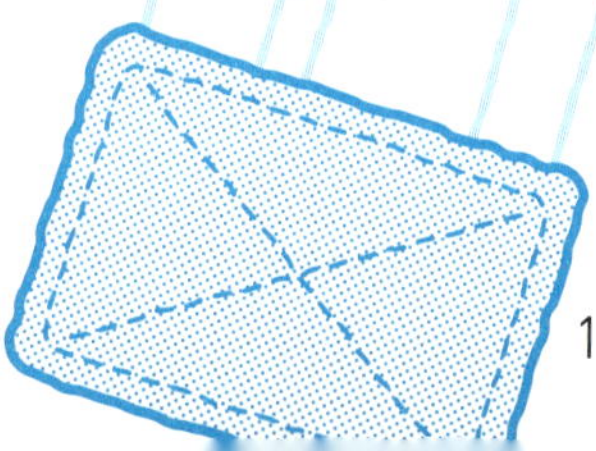

から。

そう考えると、他人によく見せるために取り繕ってそうじをする、というのはとてもつらいこと。そうじが楽しければすればいいし、楽しくなければしなくてもいい。ただ、そうじと感情は必ずリンクしているから、そうじを楽しみながら行えたら、心のブロックも外れて一石二鳥だと、僕は思っているのです。

見えない部分、隠れている部分をそうじすることは、これまで隠し通してきた自分を解放するための大きな意識改革につながります。

取り繕っていたよろいが取れてくると、見えない部分が輝いてくるので、極端なことを言えば、どんなにボロボロのTシャツを着ていても素敵に見えたり、ほったて小屋に住んでいても幸せだったりするのです。

手を動かして、物や空間に温かい感情を飛ばす

見えない場所の汚れを見つけたら、ぜひそこを輝かせてあげましょう。そのときに絶対必要なのが、**「手を動かして、手で触れる」**ということ。動作がとにかく大事なポイントです。

たとえば、長年会わずにいがみ合っている間柄であっても、実際に会って手を握り合ったり、手で触れ合ったりしたら改善することってありますよね。それは、ぬくもりや愛を感じるからです。

また、ケガをして患部を処置するときに「手当て」をするといいますが、もとの意味は、手を当てて痛い部分を癒《いや》すというところからきているといわれています。つまり、手はそれだけ愛のパワーを持っている部位。

このように、私たちは、手で触れることで、必ずいい方向にいくようになっています。

それは、人間以外でも同じで、汚れも物も手で触れてあげることで、手と物の間に温かい

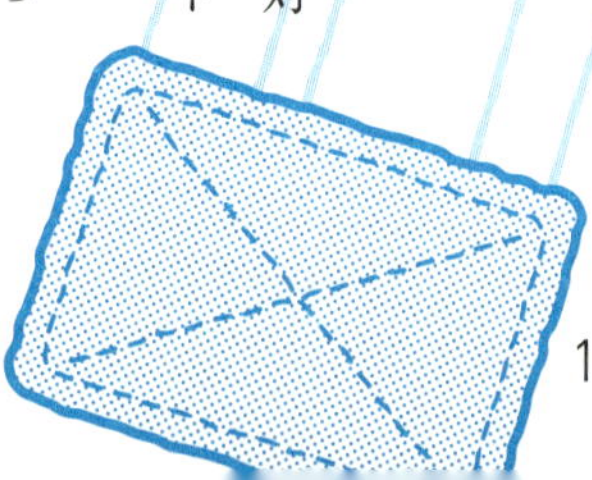

感情が生まれるのです。

香港で飲食店を3店舗オープンさせた方から「1店舗が低迷してしまっている」と相談を受けました。彼はとても数字に強く、経営的センスを持っている人。以前、一緒に仕事をしたことがあるので、彼の手腕《しゅわん》はわかっていました。ですが、彼はそうじが苦手だということもよくわかっていました。

僕は彼に、「1日3秒でいいから、『ありがとう』と感謝をしながらぞうきんがけをしてみて」と言いました。彼は笑っていましたが、真剣に悩んでいたのでしょう。自らぞうきんを絞って自分の手と足を床につけて、何も言わずに1週間くらいそうじを続けたそうです。すると、それまで仲の悪かった中国人スタッフたちの間にコミュニケーションが生まれるようになって、その後売り上げが伸び、V字回復したそうです。まさしく、自分の手を動かして、手にぞうきんを持って拭くことで、空気を変えたのです。

異文化だろうと関係なく、温かい感情は伝わるのです。物に触れて、声かけをして、空間の質を変えていくことは、些細《ささい》なことに思えるかもしれませんが、ものすごく大きな差となります。触れれば触れるだけ温かい感情が生まれて伝わり、よい関係が蘇《よみがえ》ります。

だから僕は触れることをとても大切にしています。必ず1日1回はどんなに忙しくても、トイレだったり、靴だったり、お風呂だったり、いろいろな物に手で触れています。

そうじが嫌いな人は、いつもおろそかにしている場所や物ほど触れたり、声をかけてみてあげてください。なぜなら、**そこは自分が人生でおろそかにしているところ**だから。そこに温かい感情を送ると、いつも見てもらえなかった場所や物が喜び、結果、自分自身に喜びが返ってくるのです。

トイレそうじを素手で行うわけ

ちなみに、**僕が素手でトイレの中に手を突っ込むのは、手と物との距離が近ければ近いほど温かい感情が伝わるので、空気が何倍もの速さで変わっていくから**です。

たとえば大好きな人に手袋をした手で握手をされるのと、素手で握手をされるのと、どちらが嬉しいですか？　素手で肌と肌が触れ合ったほうがいいですよね。

もちろん、素手でトイレそうじをすることにどうしても抵抗がある人はゴム手袋をしてもかまいません。「素手だとイヤだ、汚い」という気持ちがあるのに素手でそうじをすると、その感情がトイレに残ってしまうので、それなら手袋をしたほうがいいからです。素手でやるときは、あくまでもワクワクの感情を乗せてほしい。慣れてきたら、手袋を外せば大丈夫です。

素手で汚れを触るときは、意識を指先に集中させます。どういうふうにザラザラなのか、ぬるぬるしているのか……。どんな汚れなのか感じてあげることで、愛が伝わり、空間が変わっていく。すると、自分のブロックがどんどん外れていくので、相手も入ってきやすくなる。幸せはそんな開かれたあなたに入ってくるのです。

ホコリがたまりやすい小物にはタッチする

リビングなどに小さな小物を飾っておくと、いつの間にかホコリをかぶっている。誰もが経験していると思います。でも、一つひとつ拭くのは面倒くさいし、時間もない……。そんなときは、一つひとつの物に、手でやさしくタッチしてあげます。物にタッチしながら「おはよう」と会話をするのです。ホコリをかぶった小物は寂しがっているからです。

だって、考えてみてください。最初は「かわいい。これをリビングに置きたい」と愛されていたのに、いざ飾ったらそのままで、持ち主から意識を向けてもらえないまま。それって、彼とつき合い始めた頃は「かわいい。キレイだよ」と言われて幸せな気分だったのに、つき合いが長くなると全然褒めてくれなくなって寂しくなっている彼女と同じですよね（笑）。

このような状況になると、小物は何とかして、もう一度振り向いてもらおうとします。いったい何をするのかというと、ホコリをためるのです。ホコリをためて、そうじせざる

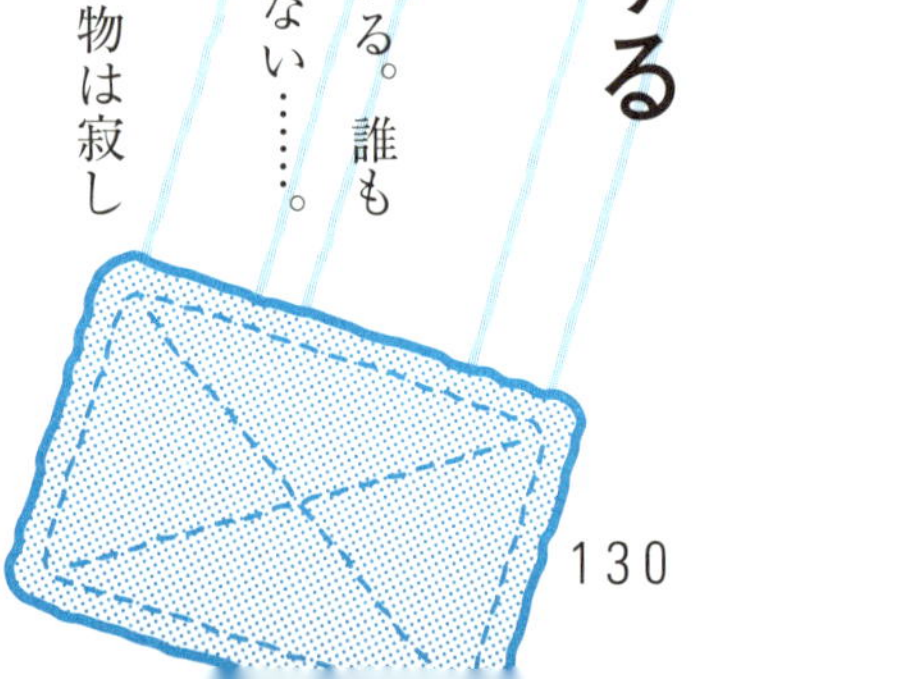

をえない状況にさせるのです。

これは、関心を向けてもらいたくて、わざとわがままを言ったり、泣きわめく子どもと同じです。泣きわめく子どもに「静かにしなさい！　もう置いていくからね！」と言えば、子どもはさらに泣きわめきますよね。でも、「ちゃんと聞いてあげられなくてごめんね。大好きだよ」と言って抱きしめてあげれば、泣きわめいていた子は必ず落ち着きを取り戻します。心と心が一瞬でも通じ合えば、それで大丈夫です。

僕は物にタッチしたり、物を手に載《の》せたりしながら、物をちゃんと見つめて「忙しくてごめんね。でも、僕のところにきてくれてありがとう」と言います。物は、声をかけられると、関心を持ってもらえたと実感するのです。

すると、それほどそうじをしなくても、ホコリがたまらなくなります。先ほど話した、「いいホコリ」になってくれるのです。

私たちが相手のことを好きと思うと、相手も好きと思ってくれるように、すべての意識はつながっています。だとすると、物を自分と思い、自分を喜ばせるようなことをすれば、必ずその気持ちは伝わって自己肯定感もアップしていくはずです。

手で触れて物を大切にし、空間を丁寧に扱う……。手からあふれ出る愛のパワーで、空間の空気は呼吸しやすくなっていくのです。

ありのままの感情をさらけ出すと、空間も物も心を開く

手を触れて愛を伝えながらそうじをすることは、とても大切です。しかし、人間ですから、ときにはイライラしたり、どうしようもなく落ち込んだりして、愛を伝えられないときもあります。

そんなときに無理をして、愛を伝える必要はありません。心で思っていないのに、「ありがとう」「大好きだよ」と言っても、まったくその気持ちは伝わらないからです。それよりも、ありのままの気持ちをさらけ出したほうが、相手に気持ちは伝わります。それは、空間や物に対しても同じです。それを実感した出来事がありました。

僕は、命の大切さを伝えるために、鶏《にわとり》の解体講座を行っています。いつも僕たちが何気なく食べているお肉も、実は命をいただいているということ、その命の記憶も同時にいただいているということを実感するためです。親子で参加される方も多く、子どもに血を見

せたくないという親もいれば、しっかり現実を受け止めようと真剣に見ている親子もいて、その反応はさまざまです。

余談ですが、親の安心感や自信は、子どもの物事のとらえ方に直結します。どんなときも、親自身が大丈夫と思って生きていれば、子どもたちは何とも言えない自信に満ちあふれて生きている。鶏の命と向き合うことにも恐れはありません。

そういった話をすると、「私は大丈夫だけど、幼い子どもには心に傷が残るかもしれないから見せたくありません」と言う方がいます。もちろん無理はさせませんが、僕は、言い換えれば、子どもを信じ切れていないということの裏返しだと思っています。本当のところでは信じ切れていないのです。

この講座では「鶏の命も、あらゆる命の連鎖《れんさ》のうえにあるのだから、まずは感謝しましょう」と伝え、みんなで鶏に意識を向け、感謝を送りながら解体を行っています。

あるとき、この講座を担当しているにもかかわらず、どうしても鶏に意識を向けられず、何もしゃべれなくなってしまったことがありました。

僕はそのとき、完全にプライベートな出来事に翻弄《ほんろう》されていました。大切な彼女から別れを告げられ、どうにも自分がコントロールできなくなっていたのです。

鶏には本当に失礼な話ですが、僕は寂しさ、つらさを抱えながら、鶏を抱きしめてひとこともしゃべらず涙を流していました。傍《はた》から見ると、僕が鶏に愛を送っていたように思ったようですが（笑）、本当は感謝しなければならない鶏に感謝できず、そのときばかりは、完全に自分のことで精一杯になっていたのです。

そのまま30分くらい無言のときが続いたでしょうか。解体の時間になったとき、ふと我に返り、自分の感情を押し殺してでもちゃんとこの場を務めなければと、鶏に「ありがとう」と言ったのです。

すると、鶏の心臓がドクドクと小刻みに震えました。その後、みんなで鶏に「ありがとう」と声かけをしていったのですが、「ありがとう」と言われるたびに、「死にたくない」と鶏が叫んでいるように聞こえたのです。

僕は、もしかしたら鶏は「俺は死にたくないのに、ありがとうなんて言われたくない。俺がどんな気持ちか知ってるのか？　俺の命に対して何か思うことがあるだろう？」と言っているのではないかと思いました。そのとき、鶏にとって、「ありがとう」は死の宣告だったのです。

僕はこのままではいけないと思い、鶏の心臓に額《ひたい》を当てて、もう一度鶏に気持ちを送り直しました。

「鶏さん、ごめん。今、僕はまったくあなたに気持ちが入らないし、感謝もできていない。僕は今すごく寂しくて、つらい。だけど、こうやって一緒にいてくれてありがとう。今日はこれから解体するけれど、本当に今日まで生きていてくれてありがとう。そして、本当にごめんね」

すると、鶏の心臓の音がドクドクから、トックントックンと穏やかな音に変わり、「どうぞ切ってください」と言わんばかりに、首をクッと曲げたのです。

その瞬間、僕は鶏に「あなたになら命を捧《ささ》げてもいいよ」と許されたような感覚になり、涙が止まらなくなりました。

僕は、頸動脈《けいどうみゃく》を差し出した鶏の首にナイフを当てて切りました。すると、そこからピンク色の美しい血が流れ出てきたのです。

普通、鶏から出る血は赤色です。首を切るときに「殺してやる」とか「かわいそう」なとと思うと、鶏も緊張するからか体が硬直して血が噴《ふ》き出さず、真っ黒いヘドロのような血がボトン、ボトンと落ちます。

しかし、このときの血の色といったら、もう二度と見ることができないくらい美しい色で、そこにいた全員が忘れられないといまだに言うほどでした。

僕の隣にいた父は、参加者に向けてこう言いました。

「どうか見てほしい。命は本当に尊いものということを。息子は1時間もの間、ただひたすらありのままを出して、命と本当に向き合った、その結果がこうなるんです」

僕はこの講座の間、ひとこともみんなに向けて話すことができなかったのに、そこにいたお母さんも子どもも号泣していました。

鶏にしてみたら、人間様に謝られた、人間が見苦しいほど自分をさらけ出したことが嬉しかったのかもしれません。きっと「こんなバカ正直なお前に殺されるなら間違いない。俺の命で済むなら捧げるよ」と言ってくれたのかもしれません。

僕はこの一連のことを通して、**人はどんな感情を乗せるかで、その物質を変えることができると確信した**のです。

「ありがとう」「ごめんね」は、心の距離を一気に縮める魔法の言葉です。それは、自分の思いをストレートに表現している言葉そのものだからです。人間の感情にもっとも響く「感謝」と「許し」を凝縮した言葉だから。そんな感情を伝えられると、伝えられた側は一気にゆるむ。

血がキレイなのは、体がゆるんでいてリラックスしているからです。つまり、一緒にいて心地いい相手だからこそゆるむのです。

無理に感謝しなくていい

それ以来、僕は我慢したり、カッコよく見せようとするのではなく、疲れていたら自分の弱音を吐いて、自分をさらけ出し、自分らしく生きることを大切にしています。「愛を伝えたり、感謝をしたりしなくていいんですか?」と言われることもありますが、僕たちは他人のために生きているのではありません。私は私、あなたはあなたです。自分を満たさなければ、他人を愛することもできないのです。

たとえばトイレそうじをするとき、トイレに心から「ありがとう」と思う気持ちがないのに、形だけ「ありがとう」と言っても、そこには何の感情も乗りません。

それよりも、「本当は夫にやさしくしたいけど、つい意地を張っちゃう自分がいる。でも、それも自分。そんな自分を受け入れ、認め、許し、愛する。焦らない、ゆっくり気づいていけばいいや」などと、自分の気持ちをさらけ出しながら、そうじをしてみてください。正直なあなたに、空間はとても喜び、その場は心地よくなっていくのです。

あなたが心を込めた感情は必ず伝わります。だから、無理に感謝をしようとするのではなく、まずはありのままの感情を今この瞬間に出し切る。そうしながらそうじをすることで、必ず自分を好きになれるのです。

自分を好きになれば、人間関係もよくなり、健康になり、仕事もうまく回り、とにかくハッピーなことしか起こらなくなる。すべてがあなたの味方になってくれるのです。

ゆっくりを意識する

そうじも含め、いろいろな動きのなかでぜひ取り入れてほしいのが「ゆっくり動かす」ということです。

今の世の中は、時間に追われ、自分と向き合う時間がほとんど取れないのが現状だと思います。だからこそ、ゆっくりとそうじを行う、ゆっくりと食べるなど、日常に「ゆっくり」を取り入れてほしいのです。

ゆっくりするメリットは、自律神経が整うことです。呼吸が整い、副交感神経が優位に働きます。バタバタしていると自分の体の不調にさえ気づけませんが、何事もゆっくり行っていると「今日はなんとなくだるい」「いつもより頭がぼ～っとしている気がする」など、自分に意識を向け、自分を労《いた》わる時間もできてきます。

僕たちの体は神様からの預かりものです。だから、1日1日を大切に愛おしく思いなが

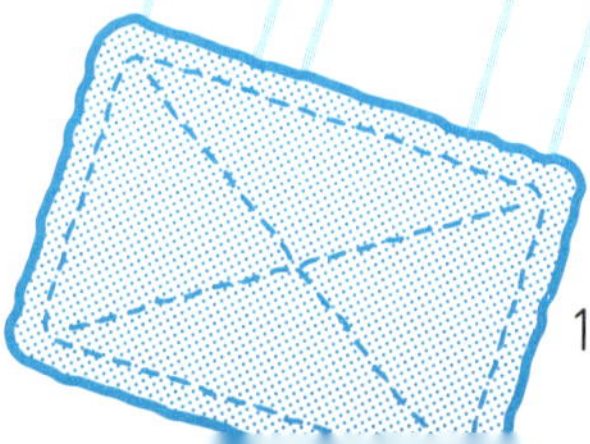

ら扱っていく。まず自分にやさしく、自分を満たすことができて初めて、まわりやほかの物をやさしく丁寧に扱っていこうという気持ちが生まれるのです。

それは、そうじにもつながっています。僕は、自分の好きな場所だけでもそうじをすることができるようになってきた方には、次のステップとして、**1日1カ所だけでもゆっくり拭く場所を決めてください**と提案しています。全部ゆっくりそうじをすることは、時間的にも厳しいので、どこか1カ所でかまいません。

今日はお風呂の鏡をゆっくり丁寧に拭こう、ステンレスのノブだけでもゆっくりそうじをしてピカピカにしよう、明日は風呂桶だけゆっくり洗おう……。こんなふうに、全部を順番にゆっくり扱って、愛してあげる。いつも決まった1カ所だけ丁寧にそうじをするのではなく、順番にいろいろな場所をそうじするのです。

すると、物も順番に愛されていると感じ、その空間の質が変わってきます。

見えない部分にゆっくり愛を送る

特に、「見えない部分」をゆっくりそうじしてあげるのは効果的です。隠れているホコリを見つけてあげるとホコリが喜ぶのと同様、これまで光を当てられなかったところに、ゆっくり愛が送られるのですから、その物や空間にとって、これほど嬉しいことはありません。

たとえば、冷蔵庫の上。普段そうじをしていないと、驚くほどのホコリがたまっているはずです。ここをゆっくりと全部そうじをしようとすると、かなりの時間がかかってしまいます。そういう場合は、3分割して、この部分は今日、この部分は明日と決めてそうじをすればいいのです。

全部拭かなきゃいけないと思うと、それだけで大変ですし、気が滅入ってしまうので、あくまでもできる範囲でキレイにしていれば大丈夫。

ゆっくりの目安ですが、自分のなかでゆっくり丁寧にできていると認識できていればそれでOK。他人と比べるのではなく、心がリラックスしている状態でゆっくり手を動かしてみてください。

結果が出てくるとついやりがちな落とし穴

そうじをして現実がいい方向に変わってくると、まわりの人にもおすすめしたくなる気持ちが生まれてきます。自分が楽しくてさらっとおすすめするだけならいいのですが、相手にも同じことをしてもらいたくなる気持ちが生まれると、うまくいかなくなってしまいます。ここがひとつの落とし穴です。

たとえば家族で、奥さんがそうじの素晴らしさに気づくと、旦那さんに「仕事がうまくいかないのは、あなたの部屋が汚いからよ。そうじしたら、絶対よくなるのに」とか「お風呂場の換気扇が汚いと家の運気が下がるから、そうじしてね！」など。

しかし、何事も自分のなかに気づきが芽生えなければ変わりません。人から強制されて変えたことは、自分が本当に納得してやっているわけではないので、少したてばまたもとに戻ってしまうのがオチです。

「そうじをすると、本当に気持ちが変わるんだ」「そうじを始めてから、いいことばかり起こるような気がする」。こんなふうに、そうじをして自分を変えたいという、自分から

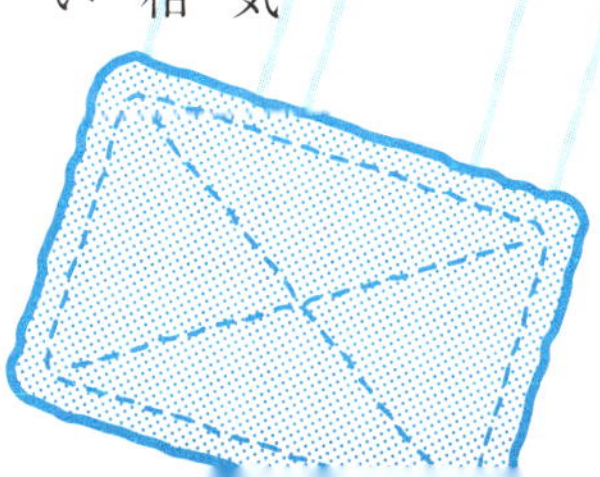

湧き出る気持ちがなければ、変わらないし、変われないのです。

僕はそうじをすることで人生が必ずいい方向に変わることを知っていても、決して強制はしません。その代わり、まずは自分が黙々とそうじをします。できれば見られないように、知られないようにやります。僕が楽しそうに過ごしている姿を見た人から、「何かやってるの？」と聞かれて初めて、毎日そうじをしていることを話します。

そうじは押しつけるものでも、人に見せるものでもありません。自発的にやるものです。強制されるものでは一切ありません。

自分からやってみようと思うから、その結果、空間が変わり、そこにいる人たちが変わっていくのです。

そうじの楽しさを知ったならば、まずは自分がその世界を楽しむこと。そんなあなたの姿に、人はついてきてくれるのです。

物をため込む家族がいたら？

相談でよくあるのが、自分は物が少ない環境で過ごしたいけれど、家族の誰かが物をため込む性格で、家が片づかなくてイライラするという問題。

ひとり暮らしなら自分の好きなように空間をつくれますが、家族がいるとそれぞれの感情が空間をつくっているので、相手の感情も読み取りながら片づける必要が出てきます。

たとえば、ご主人がプラモデルのコレクターで、部屋中、プラモデルだらけだったとします。でも、特にキレイに飾っているわけでもなく、ただ無造作《むぞうさ》に置いてあるだけでプラモデルの上にホコリがたまっていたりすると、奥さんは捨てたくなりますよね。だからといって、「私、こんなに物を捨ててキレイにしてるんだから、あなたも捨ててよ！」なんて言うと、ご主人は反発してさらに物をため込むようになってしまいます。

また、最近では、「親家片《おやかた》」という言葉もあるように、親の家の物の多さが気になる人も多いようです。「実家に帰ると物がいっぱいですごく落ち着かないから、親に片づけをしてほしい。でも、親は物がいっぱいな状態が安心するし心地いいと思って暮らしているので、一緒に暮らしていない子どもからあれこれ言われると、より意固地になって片づけようとしなくなる」という相談も増えました。

なぜご主人も両親も聞いてくれないのかというと、ひとつは、**私たちは近しい人に言われれば言われるほど、よけいに反発したくなる**からです。本当のところ、ため込んだ物は捨てても捨てなくてもどっちでもいいケースがあります。なのに、近い関係の人に「捨てたほうがいい」と指摘されると、意地を張って「これは、絶対、俺には必要なんだ」とさらに頑《かたく》なになってしまうのです。

もうひとつの理由は、**あなたが相手を変えさせるために物を捨てている**からです。あなた自身は物を捨てるとスッキリすると言いながら、本当は相手を変えさせたくて、これ見よがしに物を捨てているのです。

でも、これでは絶対に相手は変わりません。**大切なことは、あえて相手の物には無関心になること。**「あなたの物には一切触りません」という雰囲気を出すのです。

そのうえで、自分の空間だけを整理整頓してキレイにする。楽しく、物に声をかけながら、幸せそうにしていると、相手は自然と「なんだか楽しそうだな。私もちょっと物を捨ててみようかな……」という気持ちになってくるのです。

実は、これは証明済みです。僕の母親は、田舎でいつ必要になるかわからないからと、いろいろな物を捨てずにいます。庭にものすごく大きな物置もあるので、ついためてしまうのでしょう。

それを見た昔の僕は、「もうこれは明らかに使わないだろう」と思う物を勝手に捨てていました。そうしないと、家が片づかず気持ち悪かったのです。

でも、このやり方は得策でないと知り、僕は人のことよりも、まず自分の部屋を最高に楽しい気持ちで片づけることに専念しました。母親にも、「お母さん、捨てる必要ないからね。捨てなくていいからね」と声をかけるようになったら、なんと母親は物を自ら捨てるようになったのです。

物をためる人に共通する深層心理は、不安や恐れ、寂しいという思いです。家族に認めてもらえない、受け入れてもらえないなどの満たされない気持ちを、物で補っているのです。ということは、自分の心が満たされてくれれば、本当に必要な物、好きな物がわかってくるということ。

そこへ導くためにも、あなた自身が不要な物を捨てて、本当に必要な物だけで過ごす生活を幸せだと思えること、それが大切になるのです。

「物を持たない＝美学」は思い込み

物を捨てる話をしてきましたが、僕は、物が少ないことが幸せと思っているわけではありません。不安で捨てられなかったら、物を持っていてもいいのです。

物を持たないことが美学、というのは、私たちの勝手な思い込みです。物があるときの満足感、物がないときの不安感。それら、今の感情を正直に味わうことのほうが何倍も大切。

本当は物を捨てたいと思っていないのに、物を捨てたほうが幸せになれると思って物を捨てると、自分らしくない状態で生きようとしていることになるので、自分をごまかすことになる。すると、せっかく物を捨てても、心のブロックを外すことができず、逆に物をためている人はよくないとジャッジして、その人たちのことを批判するようになってしまうのです。

誰かと比較して、「こうなるべき」「こうしなければ、自分はダメだ」と思っているとつらくなりますが、今の状況、今あるものは自分にとってちょうどいいと思うところから始めてほしいのです。

なぜなら、わだかまった感情を持っているのも自分。それをたくさんためたのも自分。そして、気づきを得たのも自分。だから、捨てるタイミングもみんな違う。それでいい。自分が精一杯つくってきた結果が今に表れているのだから、何もかもがちょうどいいんです。

たとえば、僕はきょうだいの中でも要領が悪くて、兄や妹が1年でできるものを、3年かからないと習得できませんでした。そのときは悔しい思いをしましたが、両親が「今がベストなんだよ」「できなくてもできてもどっちでもいい」と言ってくれたおかげで、僕はダメな自分も認めて今こうしてお話ができるようになったのです。

だから、物を捨てたいのに物を捨てられなかったり、いつもキレイにしていたいのにそうじが嫌いだったりする自分を責めなくて大丈夫。

先に理想があると、どうしてもそこに到達できない自分を否定しがちですが、本当に理想的な自分になりたいと思えば、今すぐはできないかもしれないけれど、必ずいつか到達できるはずです。

学び合うためにいる家族

みんなちょうどいい人生を歩んでいると考えると、家族の中に片づけない人がいても、その人にとってはちょうどいいのです。

たとえば4人家族だとして、4人全員が同じペースってことはありません。チャチャッと早く片づける人もいれば、ぼ～っとしてる人もいる。何でも早くやる人は、ぼ～っとする人を批判しがちですが、本当はゆっくりのテンポを学ぶために一緒にいるのです。

もっと言えば、そうじをしなくても人生を楽しんでいる人もいっぱいいます。それもそれでいいのです。

勉強ができる子がいればできない子もいる、力持ちの子もいればそうでない子もいる……。でも、それでちょうどいい。ちょうどいいと思っていると、できない子の別の光る部分が見つかってきます。そこを褒めることができたら、相手を尊重することになり、さらに素晴らしい出来事が起こり出すのです。

自分が満たされた後にくる感情とは？

ここまでお話ししてきた「自分自身を満たすそうじ術」。これは、すべての肝《きも》になります。自分の好きな場所、見えない場所を探して、そこを徹底的に手で触れて（拭いて）そうじすることで、今の自分でいいと認められるようになり、自分のいる空間が心地よいと感じられるようになります。つまり、自分に対して自信が持てるようになるのです。

ここに到達するまでには、一定期間、自分の好きな場所だけでいいので、自分を満たすためにそうじするんだ、という意識で行ってみてください。

自分を満たせるようになるまでの期間は、人によっていろいろです。1日で効果の出る人もいれば、数カ月かかる人もいるでしょう。ちなみに、僕は数年かかりました（笑）。ですが、まずは、いろいろと考えたりせずに、21日間続けてみることをおすすめします。長期間に思うかもしれませんが、どっちにしろ、そうじは日常の家事のひとつとして誰もが行うことです。

なので、どうせだったら、そうじを通して人生を変えられるように、毎日少しずつ訓練

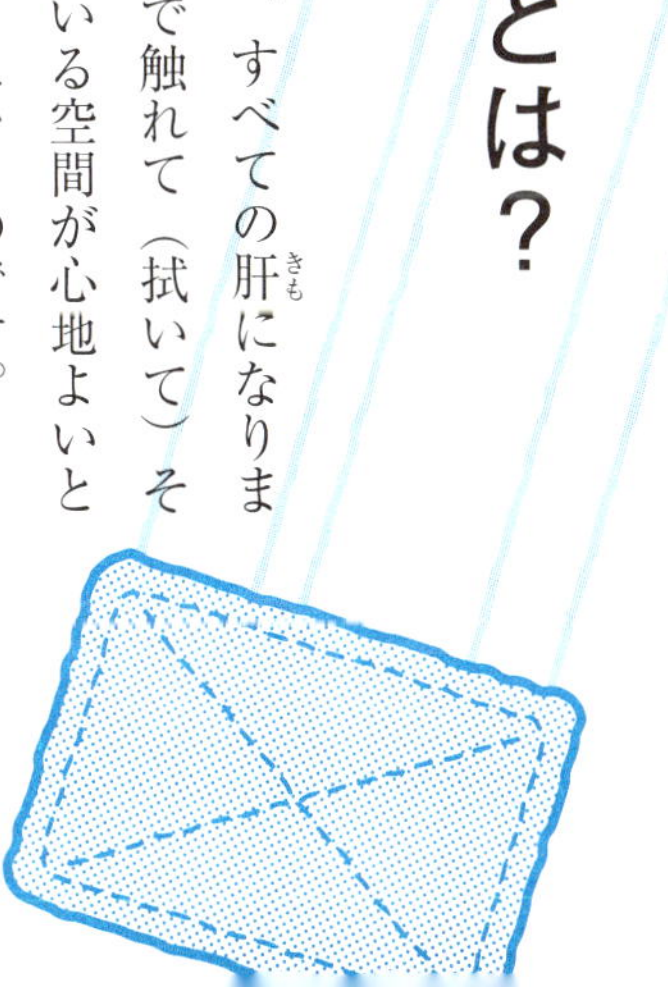

のつもりで、そうじに心を入れて向き合ってみてほしいのです。

そうじをすることで幸せな気分になれる、空間が心地よくなる、イライラしなくなった……そんな変化が出てきたら、ぜひ次のステップに移ってください。

次のステップは、**「自分以外の人を思いやるそうじ術」**です。

私たちは自分が満たされているとき、そのあふれ出す愛情や感謝で、自分以外の人も満たせるようになります。

自分が満たされていると、「家族にやさしくしなければならない」「他人を思いやらなければいけない」ではなく、「家族にやさしくしたい」「他人を思いやりたい」という自発的な感情が湧いてくるのです。

もしあなたが、愛にあふれた気持ちでそうじをしたら、あなたが触れた空間はやさしさで満たされていくでしょう。それは、その空間にいる人たちの心も穏やかにする、素晴らしいエネルギーなのです。

祈りながらそうじをする

僕はそうじをするとき、自分へ、物へ、空間へ、人へ、感謝と喜びの念を飛ばします。その念は、必ずまわりの人を幸せにすると考えているからです。

そうじのときに念を飛ばす。これは、「祈り」と同じ効果があると考えています。

映画『祈り～サムシンググレートとの対話～』では、祈りの効果を実験していますが、その中で、アメリカ西海岸にいる患者さんのために東海岸から祈ったら、**祈られた人のほうが、祈られなかった人たちよりも治癒率が高かった**という結果が出たそうです。

ちなみに、この映画に登場するのは、筑波大学名誉教授、村上和雄《むらかみかずお》博士をはじめとした、ホリスティック医学の権威《けんい》、ディーパック・チョプラ博士など、世界的な研究者たち。目に見えない祈りの力も、もうすぐ科学で証明されるときがくるのかもしれません。

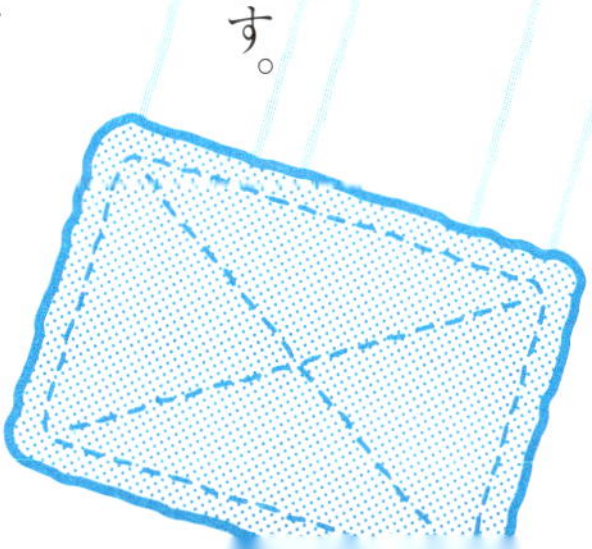

写経を通して祈り続けてくれた父

僕は、祈りの力を信じています。それは、前に話した、僕が化膿性髄膜炎と水頭症になったときのこと、父と母はひたすら僕が元気になることを祈ってくれていたのです。

それを知ったのは、つい1年ほど前のこと。実家に帰って、家の中の片づけをしていたら、仏壇の引き出しの中から分厚い写経を発見しました。「この写経、何？」と母親に聞くと、僕が入院中に父が黙々と書き写していたと教えてくれました。

医者から「100％助からない」と言われ、絶望的な状況のなかで、父は何とか希望を見出《みいだ》して、必ず息子が治ると信じて、書き続けたのでしょう。いや、もしかしたら、空いている時間すべて息子のためにできることをしたい、そんな一心だったのかもしれません。

医者に見放された病気から僕が回復に向かったのは、もちろん病院の治療である抗生物質や、父がつくってくれた里芋湿布、母がキレイな血液をつくって飲ませてくれた母乳のおかげであることは間違いありません。でも、そこに祈りの力も大きく影響していると思っています。

父と母の真剣な祈りがあったからこそ、僕は奇跡的にも完治することができた。しかも、何の後遺症も残らず……。

僕はそれ以来、祈りにはすごい力があると考えるようになりました。フランスのノーベル生理学・医学賞を受賞したアレキシス・カレル博士は、あるスピーチで次のように語ったそうです。

祈りは、人間が生み出しうるもっとも強力なエネルギーである。
それは、地球の引力と同じ現実的な力である。
医師としての私は、
多数の人々があらゆるほかの療法で失敗した後に、
祈りという厳粛な努力によって
疾病や憂鬱から救われた例を目撃している。

だから、僕はそうじをするとき、ただひたすら集中して意識を飛ばすのです。

「ありがとう」
「大好きだよ」
「そばにいてくれて嬉しいよ」

自分が満たされるようになったら、こうして家族や近くの人、物、空間に伝えながらそうじをします。もし、あなたの愛でまわりの人たちも幸せになれたら、次は、さらに遠くの人、世界中の人のためを思って、そうじをしましょう。

この段階までくると、あなたは公衆トイレも平気でそうじできるようになっていることでしょう。

汚されたら、自分を輝かせるリセット時間ととらえる

自分が満たされていると、そうじをした場所をどれだけ汚されても腹立たしいと思わなくなります。でも、その段階に至る途中なら、そうじをしてキレイにしたそばから汚されたら、いい気分にはなれないでしょう。

以前、民宿「わら」にきていた研修生からこんな相談を受けました。

「毎日、毎日、庭や道の落ち葉掃《は》きをしていますが、掃いても掃いても葉っぱが落ちてきてキリがありません。掃いている最中にも落ちてくるのでイライラします。これって、掃いても意味ないんじゃないですか？　1カ月ためてから取ったほうがいいんじゃないですか？」

確かに、民宿「わら」は山奥にあるので、落ち葉の量もハンパではありません。だからそうじをした直後から道に落ち葉がたまり、エンドレスに蓄積していきます。

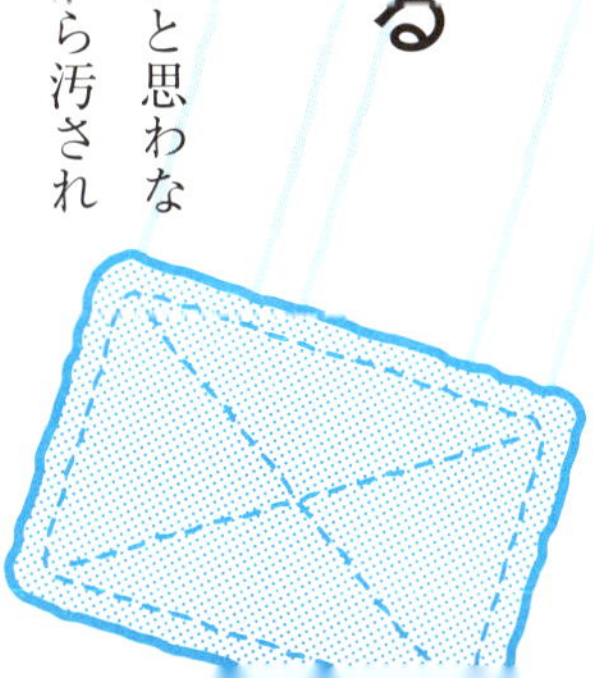

このように、そうじした後からすぐに汚れる、汚されるという場合は、**「拭き清めてリセットするために行う」**と考えます。

僕は、水回りはとにかくキレイにしています。湿気があるとカビなどが生えやすいので、必ず乾いたぞうきんでキレイに拭き上げるようにしているのです。

すると、民宿「わら」の研修生たちから、僕がそうじをした後は使いづらいという声が上がりました。水分ひとつつかないように拭き上げ、ピカピカにしているので、水がはねるだけで申し訳ない気持ちになるというのです。

そんなとき僕は、「どんどん汚してもらっていいから。僕は自分がリセットするためにやっているだけだから」と言います。

キレイにすることを目的としていると、そうじをした直後に汚されると腹が立ってしまいますが、自分の心を輝かせるためにリセットする時間を設けていると考えれば、どれだけ汚されても気になりません。

もし、家族の誰かが「洗面台をピカピカに拭いたから、そこは使わないで！」と言ったらどうでしょうか。使うためにお風呂や洗面所、台所、トイレなどがあるのに、キレイな状態を保つために使用できなかったら、せっかく家族に使用してもらうために存在している物たちが悲しんでしまいます。

物というのはどんなものでも、使われて触れられて輝くもの。使われる物はどんどん進化しますが、使われない物はどんどん退化します。物にも命がある。

使わないまま置いておくだけというのは、高額な指輪を買ったものの、「もったいないから」「傷がつくから」という理由で、使用しないまま宝石箱の中にしまっておくようなものです。これでは何のために買ったのかわかりません。

どんなものも普段使いしてあげる、その代わりに拭き清めるリセット時間を持つことで、さらに輝きを増していくのです。

誰も触りたくない場所には1億円が眠っている

前にも話したように、僕にとって、みんながやりたがらない場所をそうじすることは、宝の山を掘り当てているような感じです。実際、今本当の豊かさを手にしている人たちというのは、人が絶対にしないことをやっている人。そうじでいえば、見えない場所を磨くことがなぜ大切なのかを感覚的に知っていて、実践している人です。

特に、経営者の方はそうじと豊かさの関係に気づいている方も多く、イエローハットの社長、鍵山秀三郎《かぎやまひでさぶろう》氏は、トイレを素手や素足で磨き続け、「掃除に学ぶ会」を立ち上げました。現在では、世界各国でトイレそうじの素晴らしさを伝えています。

もちろんそうじの目的はお金を儲けることではありません。自分の心を磨き、自分を好きになることです。その結果、必ず豊かさがめぐってきます。

最初はその話を聞いても半信半疑でした。でも、実際に自分自身が豊かになり、それを

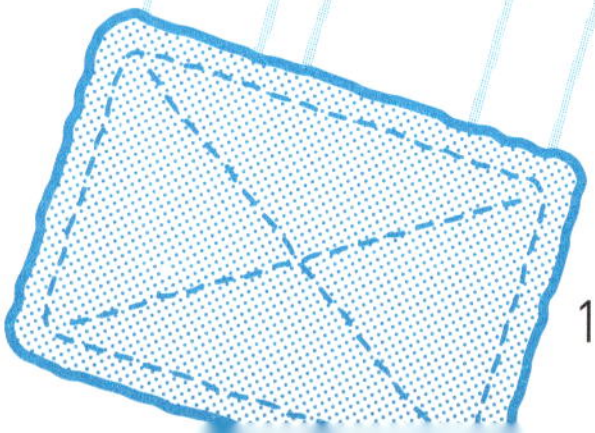

実践したまわりの人たちも豊かになっていく、そんな現実を目の当たりにすると、もう宇宙の法則としか思えないのです。

あまり知られていませんが、下水処理、廃棄物処理をしている会社などは、とても豊かです。みんなが触りたくないところを触る仕事なので、人はそのためにならいくらでもお金を出すからです。汚い場所をキレイにしたら一番豊かになれるのです。

だから、僕は誰もが触りたくない部分を見つけると、そこに1億円が眠っているような感覚になります。そこに1億円が眠っていると思ったら、どんなに汚れている場所でも、みんな汚れを取ろうと思いますよね（笑）。

タレントのビートたけしさんは、必ず撮影の前に、その場所のトイレそうじをするそうです。若い頃、師匠に「トイレをキレイにそうじしろ」と言われてから、とにかく30年以上ずっとトイレそうじをやり続けているそうですが、無意識のうちに、その場に関わっている人のしがらみ（感情のよどみ）を全部自分が引き受けることで、自分自身が謙虚になり、心が磨かれていくのでしょう。

汚い場所に愛おしさを感じるとき

汚いと思っている場所を喜んでそうじできるようになるには、感情とそうじの関係をしっかりとらえていないと、なかなか難しいことです。

それでも、毎日そうじを通して物や空間に語りかけ、自分自身と思って愛していくと、自分を愛せるようになって、**自分の物じゃない物まで愛せる**ようになります。そうなったら、あなたのなかのメンタル・ブロックはかなり外れてきた証拠です。

メンタル・ブロックはいきなり外れるものではないので、徐々に外していきましょう。

まずは、自分の汚したものをそうじできるか、家族の汚したものを抵抗なくそうじできるか、トイレの中に手を突っ込んでそうじできるか……。そうやって、徐々にそうじの段階を通してメンタル・ブロックが外れていくのを実感していきましょう。

「今、自分は後少しでメンタル・ブロックが外れるところにいる！」、そんなふうに楽しみながら行うことが大切です。

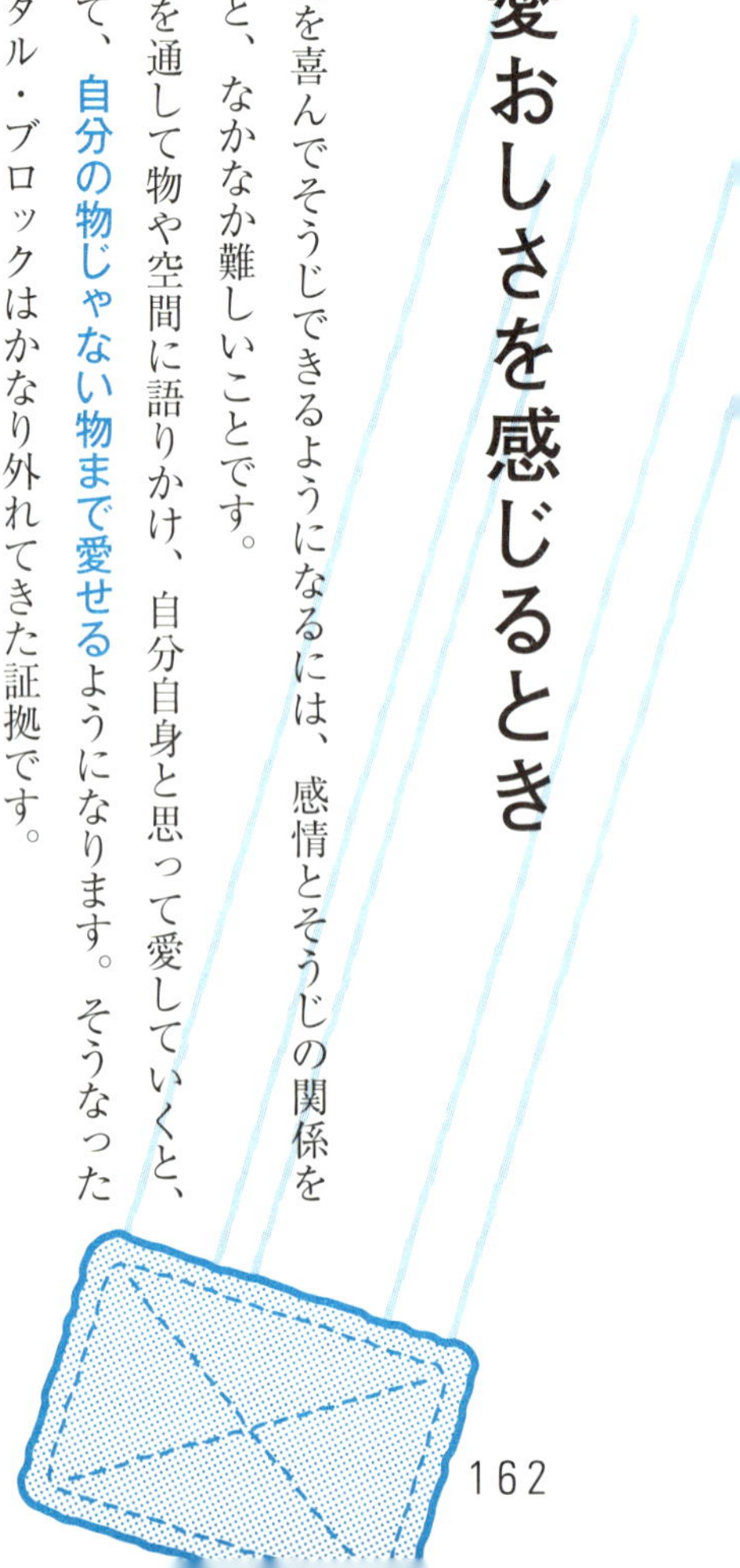

自分を満たしたと思っていても、ときどき「ああ、汚いなー」「何でいつも私ばかりそうじをするの？」と思ってしまうかもしれません。そんな自分に気づいたときは、いつでも「自分自身を満たすそうじ術」に戻ってください。この繰り返しをしていくことで、そのうち、冗談でなく、トイレのにおいが愛おしくなってきて、自分の家以外のトイレそうじをしてみたくなったり、公衆トイレの汚れも気になり出したりと、そうじをすることが最高の楽しみに変わってきます。

第４章

人生が輝く そうじメソッド

「人生が輝くそうじメソッド」とは

ここまで、そうじの目的、ポイント、意識の持ち方、物と空間の関係を、「自分自身を満たすそうじ術」と「自分以外の人を思いやるそうじ術」とに分けてお話ししてきました。ここまでお話ししてきたことが、僕がお伝えしたかった「人生が輝くそうじメソッド」です。それを踏まえて本章では、具体的なそうじの仕方についてご紹介していきたいと思います。

ただし、これはあくまでも例であって、そうじをする場所が店舗なのか家なのか、どのくらいの規模なのか、その空間にいる人は何人なのか、何年くらいたっているのかなど、実際は、僕が目で見て確かめないと、それぞれに合ったそうじ方法はきちんとお伝えできません。ですから、あくまで僕が普段やっているそうじの仕方として、参考までに読み進めていただけたらと思います。

では、進めていく前に、「人生が輝くそうじメソッド」について左ページにまとめましたので、もう一度おさらいをしておきましょう。

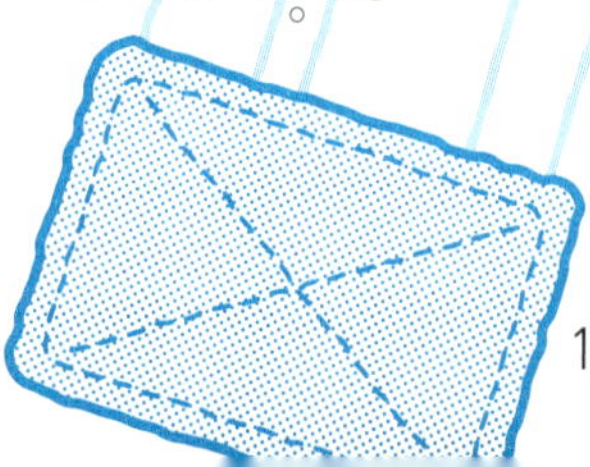

人生が輝くそうじメソッド

目的

「キレイにすること」や「片づけること」ではなく、

自分を磨くこと。
自分を認めること。

ポイント

自分も、物も
喜ぶ空間をつくること。

流れ

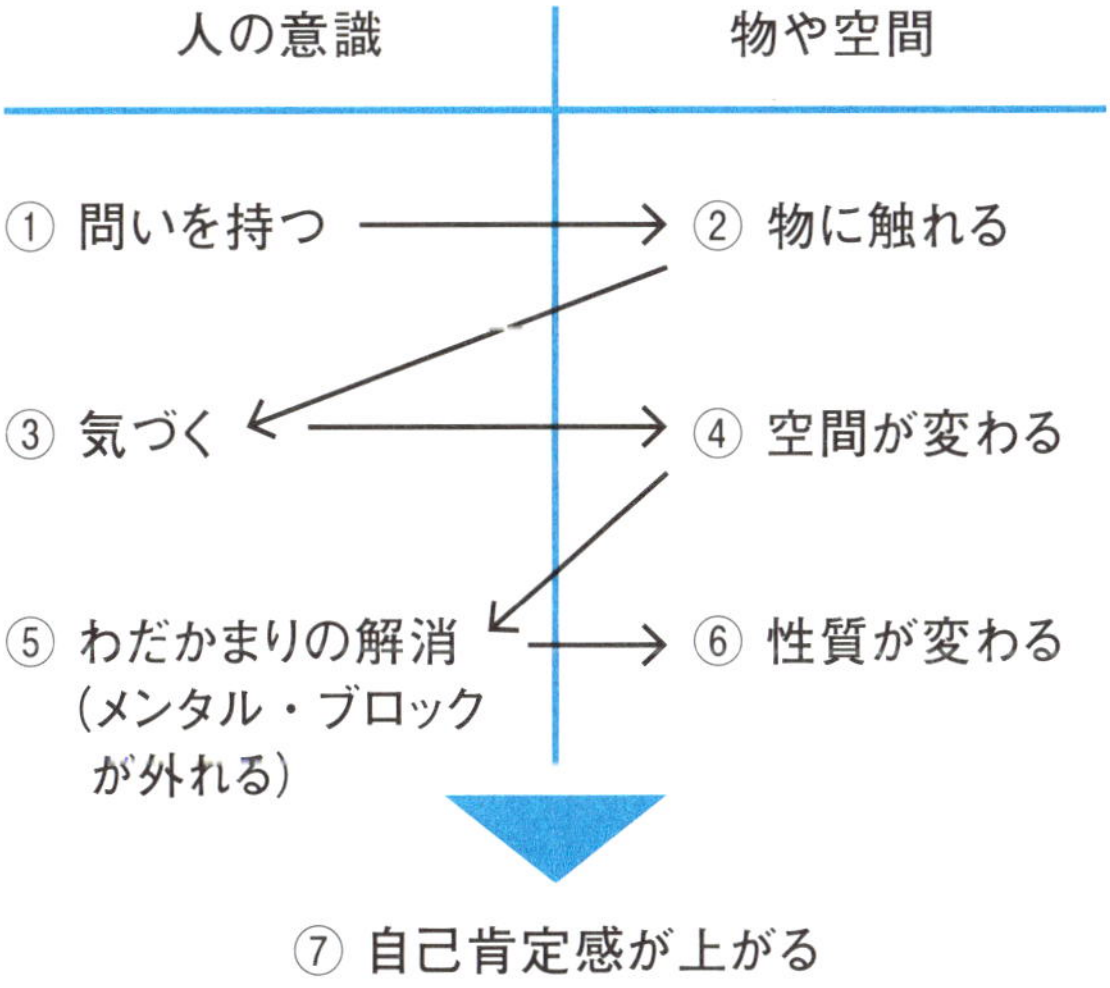

人生が変わるそうじは、こうして行う！

ホームセンターなどに行くと、驚くほどいろいろな種類のそうじ用品や洗剤が市販されていますが、僕がそうじに使うのは、基本、

- **ぞうきん２枚**（水で絞って拭く用と乾拭き用）
- １００円ショップなどで売っている**スポンジ**
- **激落ちくん**（レック株式会社）
- **ボンスター**（ボンスター販売株式会社）
- **亀の子たわし**（株式会社亀の子束子西尾商店）
- **台所用洗剤**（天然由来のもの。生分解性のよい中性洗剤）

だけです。

常にキレイにしていれば、普段のそうじは汚れを拭き取るだけなので、ぞうきん２枚で

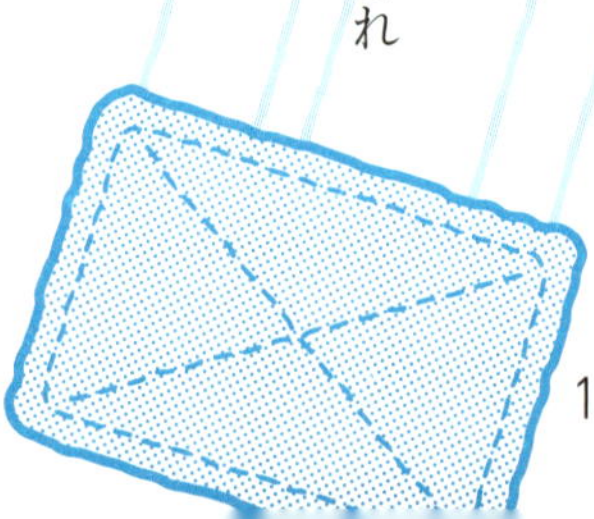

十分です。こびりついた汚れも、油汚れ以外は、スポンジや激落ちくんでほとんど落ちます。

ボンスターはステンレス部分を磨くときに便利なので、僕はよく使います。ドラッグストア、スーパー、ホームセンターなど、どこでも市販されています。

洗剤は用途によっていろいろ分かれていますが、主な成分はほとんど変わらないので、用途ごとに分ける必要はありません。お皿を洗うときの台所用洗剤で十分。

僕はその中でも、微生物によって生分解される「ヤシノミ洗剤」を使っています。

どこのそうじにも共通してやってほしいこと

丹田《たんでん》に力を入れる

私たちは普段そうじをするとき、無意識に立ったり座ったりという動作を繰り返しているので、体に意識を向けていません。そうじをしながら、何か考え事をしたり、ぼ〜っとしたりしているのではないでしょうか。自分に集中できない状態でそうじをしても、メンタル・ブロック、思い込みを外すところまではいきません。

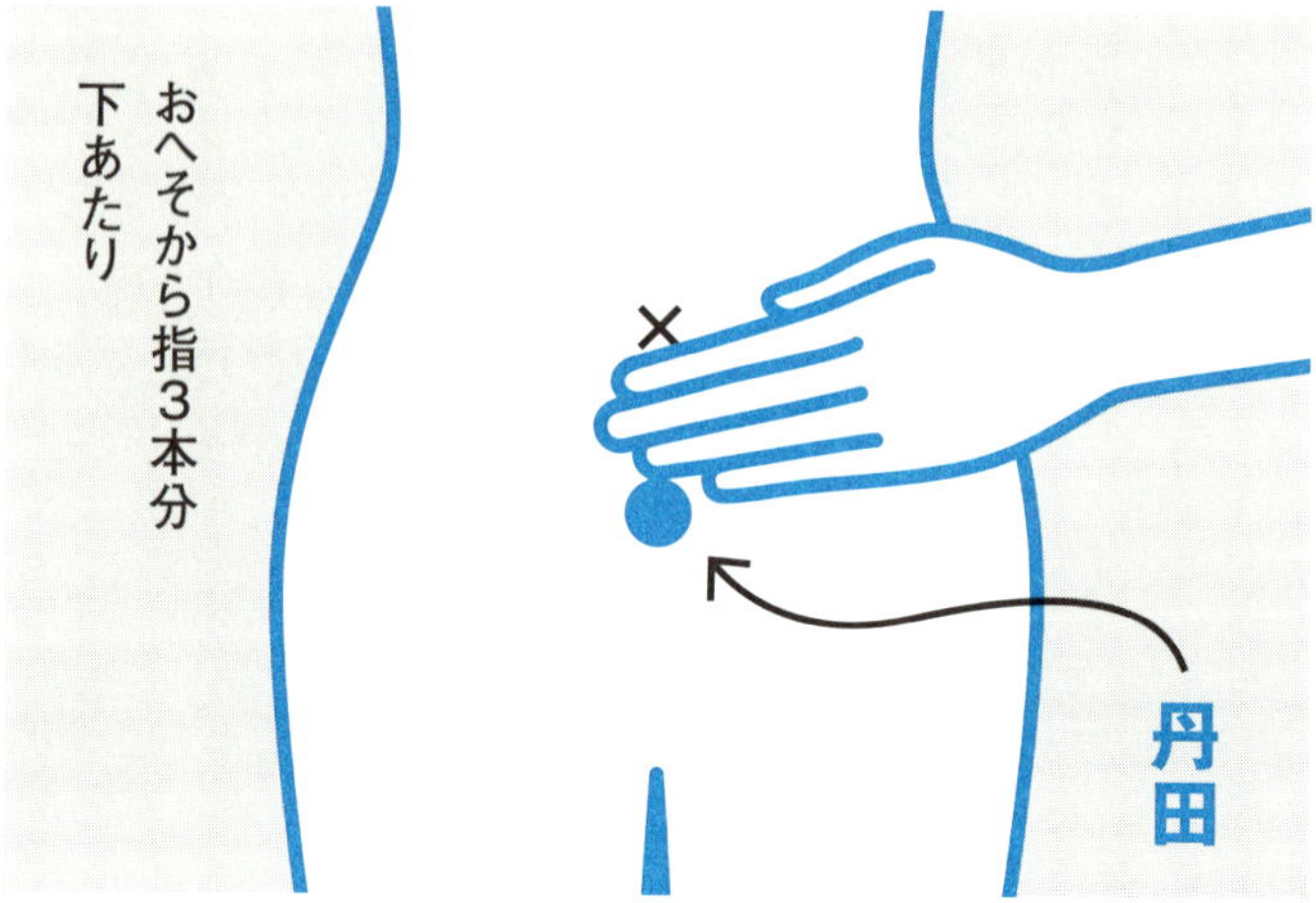

そこで、僕がそうじをするときに心がけているのは、丹田（おへそから指3本分下あたり）に力を入れて、お尻の穴をしめ、脇をしめて、意識をしっかりと自分の体に置いた状態にすることです。すると、今ここに意識がしっかりと入るので、気のめぐりがよくなります。

気のめぐりがよくなった状態でそうじをすると、自分に意識が向くので、輝き方も違うし、空気も大きく変化します。

さらに、汚れを落とすときに手にも意識を集中させて、どんな汚れが出てくるのかワクワクしながら行いましょう。手が荒れにくくなってきます。自分に意識を集中させると、結果も早く出ますから、ぜひ試してみてください。

そうじの前と後で空気を吸い込む

そうじをする前と後に、必ずしていることがあります。それは、その空間の空気を吸い込むこと。呼吸をするということは、最大の健康法でもあります。息を全部出し切った後、目をつぶって、鼻からその場の空気を味わうように、ゆっくりと吸い込んでください。何度も繰り返していると、空気の質の違いを感じられるようになります。

たいていそうじをする前というのは、その場の空気がよどんでいるように感じます。臭い、暗い、湿っぽい、体のなかにスッと入っていかない、そんな重苦しいイメージです。ところが、汚れを落とした後に空気を吸い込むと、体のなかにクリアな空気がスーッと通っていくのがわかります。

そうじは、体の呼吸と似ています。吸って吐く、力を入れて抜く、しめてゆるめる、中のものを外に出す。そうじは空間の呼吸をすることです。体で実感しながら、そうじという動作を行うことで、より感情が空間に乗っかりやすくなります。

さあ、準備が整ったら、家の中のそうじを始めていきましょう。

トイレのそうじ

トイレに入ったら、まずフタをした便座に座り、天井を見上げてください。その後、まわりの壁もじっくり見ていきましょう。座った状態で、どういうところの汚れが気になるかをじっくり観察します。

すると、換気扇にひどい汚れがたまっていたり、男性がいる場合は壁にオシッコが飛んでいたり、手を洗う場所に水垢がたまっていたりなど、ゆっくり見ると、いろいろな汚れを発見します。

次に立ち上がってグル～ッとまわりを見渡し、再び汚れを見つけていきます。

見えているのに見ていなかった部分に汚れを発見したら、さっそくそうじをしましょう。ホコリは下にたまるので、まずは上からそうじをします。換気扇は取り外せるようなら、取り外して汚れを拭いてあげましょう。取り外せないなら、掃除機でホコリを吸うだけでも十分です。これだけでも、トイレの空気がずいぶん変わります。

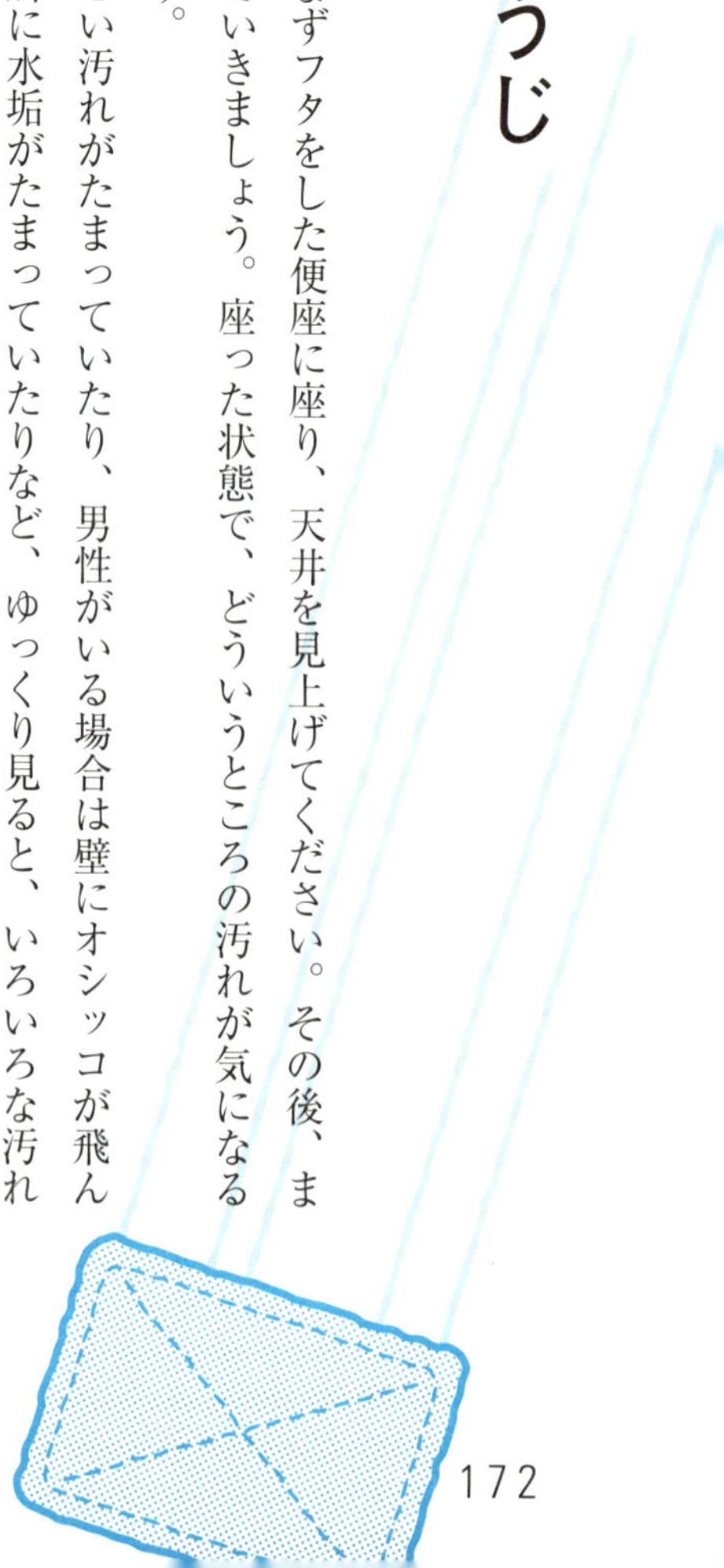

次は、壁に飛んだオシッコの汚れ。基本、絞ったぞうきん1枚でキレイに取れますが、冷たい水よりも温かいお湯で絞ったぞうきんを使ったほうが、殺菌効果もあってにおいも消えやすいのでおすすめです。さっとひと拭きしたら、乾いたぞうきんで乾拭きをします。

手を洗う場所は、陶器のことが多いので、水をつけてよく絞った激落ちくんでこすりましょう。洗剤をつけると、洗剤を落とすのに水でまわりがベチャベチャになってしまうので、激落ちくんでこするだけで十分です。そしてぞうきんで水分を拭き取ります。

手を洗う場所のパイプの汚れやねじの上にこびりついたような汚れを落とすときは、ボンスターが重宝します。

次に便器です。便器のフタやまわりは基本、激落ちくんを水で固く絞ってこする程度で落ちますが、フタの一番先の部分はフタをあけるときにみんなが持つ場所なので、手垢がついている場合が多いです。ほかの場所に比べて汚れやすいので、少し丁寧にこすってあげましょう。

さて、ここからは、見えない部分がたくさん出てきます。

温水便座を使用している場合、温水便座と便器の間にオシッコがたまっていてにおいの原因になっていることがあります。なので、温水便座の便座部分を便器から取り外してそうじをしてみてください。空気がずいぶん変わります。

取り外せないタイプでも、前にずらしたりして、そうじができるようになっているので、ぜひこの部分はそうじをしてみてください。

ちなみに、温かくなるタイプの便座には電気が通っているので、水洗いをしたり、洗剤をつけたりはしません。激落ちくんを水でしっかり絞ってこすったり、お湯で絞ったぞうきんで拭くだけで大丈夫です。

さて、次は便器の中です。便器の中は、見えている部分はキレイでも、便や尿が流れていく水たまり部分の裏側に、べったり汚れがこびりついています。

ここは住人の不安や恐れ、感情のもつれなど、あらゆるよどみが詰まっているところ。ここの汚れを取ってあげると、驚くほど空気が澄み出します。

トイレの換気扇

取り外せるようなら、カバーを外して中のそうじも。
お湯で絞ったぞうきんでホコリを取るようにして拭き、仕上げに乾拭きをする。

温水便座

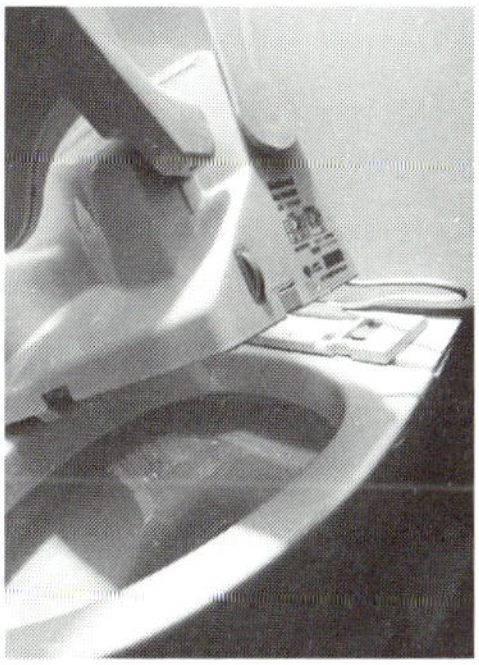

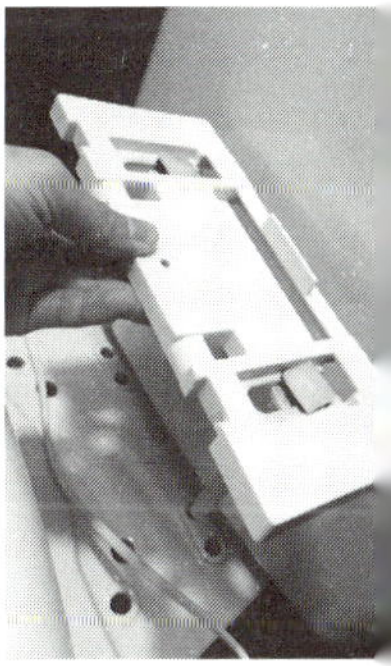

便器と温水便座の境目には、汚れがたまりやすい。
においの原因にもなるので、こまめにチェックを。

僕は素手で便器の水たまりの裏側に手を突っ込みます。感情のわだかまりが多かったり、居心地の悪い家というのは、この部分の汚れが層のようになってこびりついているので、それをはがしてあげるのです。

僕は、この部分をそうじするとき、いつも人間の腸をイメージします。腸も宿便があるとスッキリしませんよね。穴の裏側のこびりついた汚れはまさに宿便。何年もかけてできた汚れです。だから、そこをはがしてあげると、まさに宿便が取れたみたいに、スッキリするんです。

便器の中が黄ばんでいたり、汚れがこびりついていたりするときは、スポンジに洗剤をつけて洗います。便器の中のこびりついた汚れがなかなか落ちないときは、網目状のサンドペーパー（サンドメッシュ）で取り除きます。

見えない部分のもうひとつの代表的な場所、それは温水便座の洗浄ノズル部分です。便座に座って使うものなので、ノズルが出ている状態を目にすることはないのですが、ここを手で引き出してみると、衝撃的な汚れ具合を目にするでしょう。

おそらく便の塊がこびりついて、茶色くなっているのではないでしょうか。特に便がやわらかい方だと、ノズルに便がつきやすく、その便がついた洗浄ノズルで自分のお尻を洗浄することになってしまいます。

つまり、次の人は知らないうちに、前の人が落としたウンチのついたノズルで自分のお尻を洗うということになってしまいます。

そこで、片手でノズルをひっぱり出し、温かいお湯で絞ったぞうきんでノズル部分を拭きましょう。ここも、温水が出るので電気が通っている部分ですから、洗剤はつけないでください。

最近の温水便座の場合、脱臭機能がついているものも多く、そのまま放っておくと、脱臭フィルターが黄ばんできたり、ホコリがついたりします。プラスチックでできている場合は、水洗いをしてドライヤーなどでしっかり乾かしてからもとに戻しましょう。脱臭機能がフル回転すると、空気の流れもよくなります。

ほかにも、見えない部分があります。それは、便座の後ろと壁の間。ここは普通の体勢では手が入りにくいので、寝っ転がったりして手を突っ込んだほうが汚れがよく取れるところ。狭い場所なのでなかなかそうじができず、ホコリや汚れ、カビなどがたまっている場所です。

ここは、まず手でホコリなどの汚れを取った後、スポンジでこすり、ぞうきんで拭き取ってください。

意外と忘れがちなのが、トイレブラシとそのケース。放っておかれていることが多いのですが、汚れがついたままであることがほとんどです。ブラシ部分に洗剤をつけて手でモミモミしながら洗います。ホコリがついていたら取り除いてから、しっかりと乾かしてください。

ブラシケースは、汚れと水分がたまっていることがよくあります。スポンジに洗剤をつけてよく洗い、こちらもしっかりと乾かしましょう。

これらを行うことで、トイレの空間は見違えるように居心地よくなるはずです。少しずつでかまいませんので、ぜひ試してみてください。

脱臭フィルター

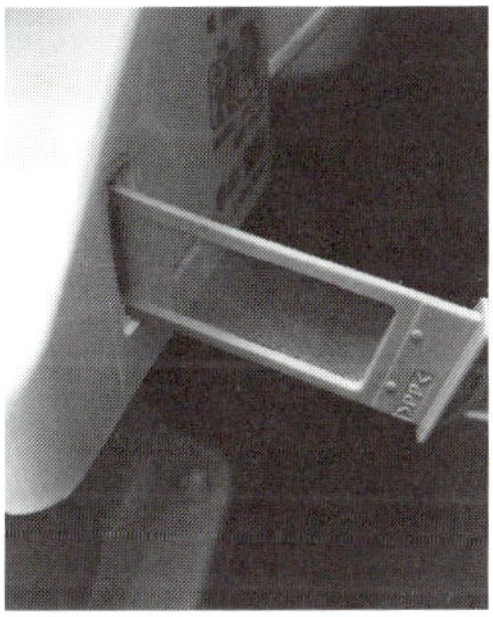

温水便座の脇などに設置されていることが多い。必ず乾かしてから戻す。

洗浄ノズル

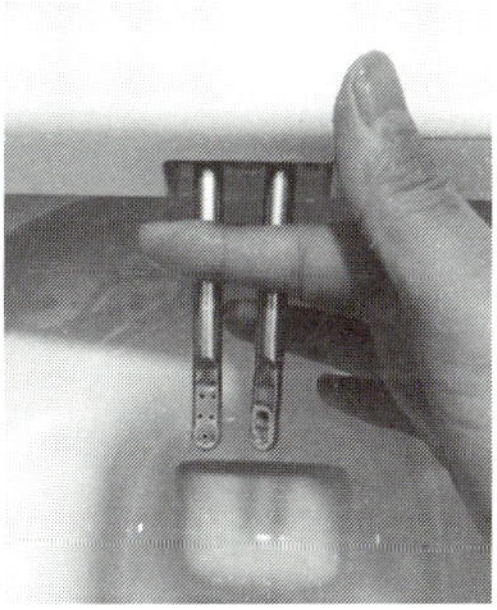

ノズルは見落としがち。ひっぱり出して汚れを落とし、常に清潔な状態を。

便器の縁

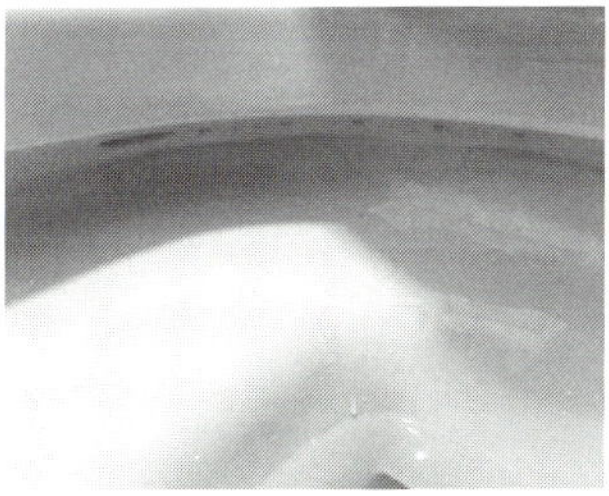

内側の便器の縁は意外と汚れがこびりついているもの。においの原因に。

便器の裏

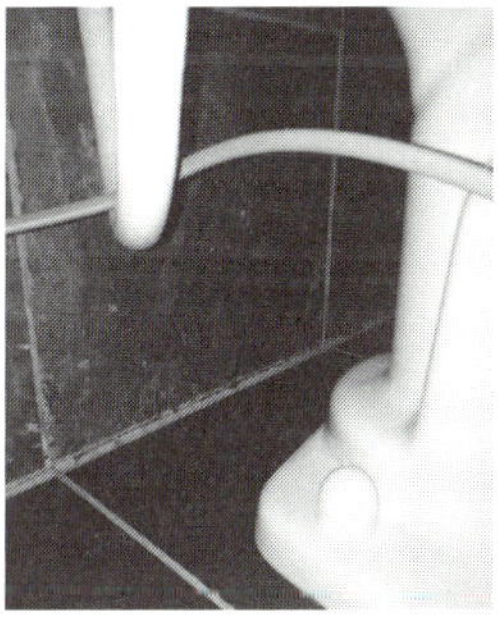

ホコリがたまりやすい場所。手でごっそり取れるほどたまっているケースも。

トイレブラシ＆ケース

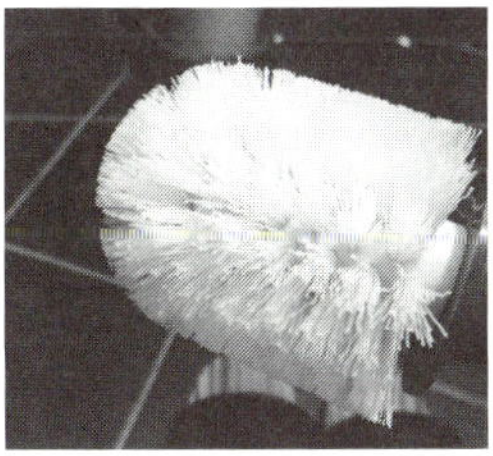

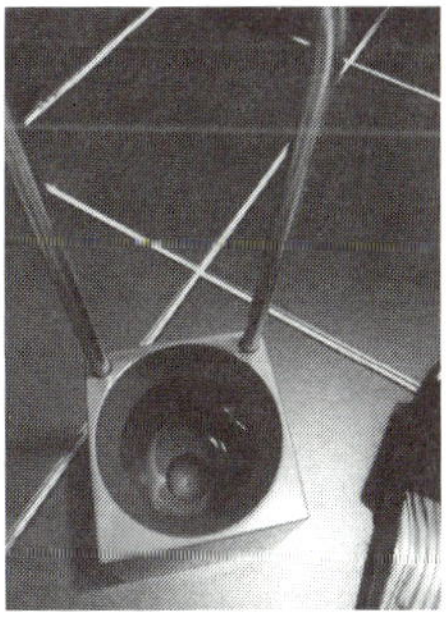

そうじ道具であるブラシは汚れをそのままにしがち。ケースも忘れずに。

お風呂のそうじ

トイレと並んで、見えない場所に汚れがたまりやすい空間がお風呂です。お風呂も上からそうじをしていきます。

見えない部分の代表は、トイレと同様、換気扇。ねじを回してカバーを取り外せるなら、カバーを取ってみます。カバーにホコリが付着していると、下にホコリが落ちてくるので、乾いたぞうきんでさっと払うか、掃除機などで吸い取っておきましょう。カバーは水洗いをしたり、拭いたりしてキレイにしておきます。

カバーを外すと、ファンがあることが多いのですが、ファンの取り外しは素人では難しいので、ぞうきんで拭く程度にします。お風呂の換気扇が動いていないと、湿気がたまりやすくカビも生えやすくなるので、出口でもある換気扇のそうじはマストです。キレイに洗ったカバーを再び取りつけるだけでもずいぶん空気がよくなります。

次は天井。見えているのに見ようとしない場所で、意外と見過ごされている場所です。

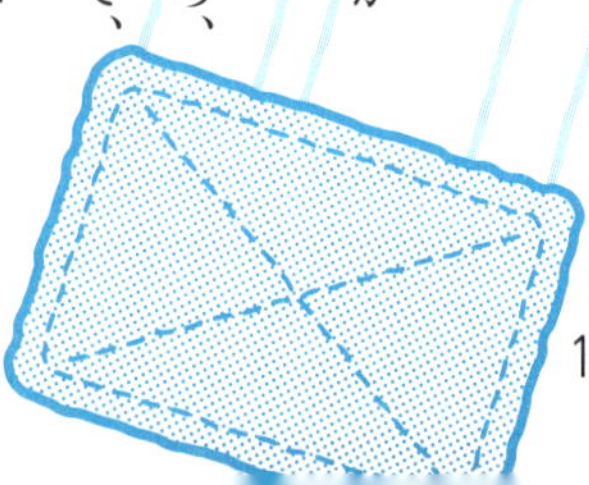

お風呂場の天井は湿気があるとカビが生えてしまうので水をかけず、水で固く絞ったぞうきんやスポンジで拭き取り、その後乾いたぞうきんで拭きましょう。壁も同様で、ぞうきんやスポンジで汚れを拭き取ります。

ただ、タイルの壁の場合、ぞうきんやスポンジだけではカビが落ちないこともあるので、亀の子たわしでごしごしこすります。

お風呂の鏡は曇りがちですが、激落ちくんのみでかなりキレイに曇りを取ることができます。曇り具合にもよりますが、1週間くらい毎日拭き取っていると、曇らない鏡になってきます。

バスタブにはスポンジを活用します。お風呂用洗剤もありますが、僕は食器用洗剤を使います。お風呂の中に入って、どこに垢がたまるかをチェックすると、たいてい内側の水の線の部分や四隅などに汚れが残ったままになっているので、そこを重点的にスポンジでこすります。その後は、水を流しておけばOK。バスタブの側面はスポンジでさっとこするくらいで大丈夫です。

バスタブの中の排水口も、髪の毛などが詰まりやすいので、毎日たまったゴミは取り除きましょう。

お風呂によっては、エプロンと呼ばれる前の部分がガバッと取れるタイプのものもありますが、この中も相当汚れがたまっています。ただし、電気系統が入っていたりすることもあるので、できれば業者の方にお願いしたほうがいいかもしれません。

シャワーヘッドをかけるフックの、ゴムグリップ周辺も、要注意です。ここを放置しておくと、カビがあっという間に生えてしまい、一度生えると太刀打《たちう》ちできなくなってしまいます。こまめにスポンジでこすって水で洗い、水を拭き取っておくだけで汚れがつきにくくなります。

ゴムにカビが生えてしまうと、簡単には取れません。カビ取り洗剤はいろいろなメーカーから出ていますが、ゴムに生えるカビは中から繁殖してくるので、もとを断つ必要があります。

ネットで調べると、お酢や重曹など自然素材でカビを取る方法も出ていますが、カビの種類によって取れるものと取れないものがあります。

お風呂の洗い場は、石鹸やシャンプー、リンスなどをしっかり洗い流しておかないとカビの原因になってしまうので、お風呂に入った後はスポンジで拭き取って流すようにしておきましょう。これを毎日続けていれば、洗い場はキレイになります。

見えない部分を輝かせるということはとても大切ですが、見える部分も通常どおりそうじをしてください。

お風呂でいえば、洗い場の蛇口。ここを放っておくと、水垢がどんどんたまって蛇口のシルバーの輝きが曇ってしまいます。ですので、激落ちくんでピカピカになるまでこすり、その後乾拭きぞうきんでキレイに拭き上げましょう。

人は、光る部分に目がいくものなので、蛇口が光っていると、それだけでキレイなバスルームだなと思えるものです。

また、お風呂のドアノブもキレイにしておきましょう。ここは手垢もつきやすいのですぐ汚れてしまいますが、シルバー系のものであればピカピカに光らせておくことで、美しいバスルームのイメージをつくることができます。

最後は排水溝です。ここはお風呂場のすべての汚れがたまる場所。髪の毛、体の垢、水垢、ホコリなど、すべての汚れが集中します。

排水溝をそのままにしておくと、ヌルヌルとヘドロのようなものがついて、お風呂場の空気がよどんでしまうので、フタを取ってヘアキャッチャーにひっかかったゴミを毎日取るようにします。

ゴミを取った後は、スポンジでぬめりを取り、細かい汚れは使い古した歯ブラシでこすりましょう。ただ、これは時間があるときでOK。普段はスポンジでこすった後、水で流しておけば大丈夫です。

また、ヘアキャッチャーの下には、コップのような筒形のものがあり、取り外せるようになっています。こちらも外して、スポンジでぬめりを取っておくのがおすすめです。

排水溝のそうじは毎日続けてください。すると、お風呂の空気が居心地いいものに変わってきます。とにかく出口である排水溝にゴミをためない、ヌルヌルを放っておかないことを徹底してみましょう。

お風呂の換気扇

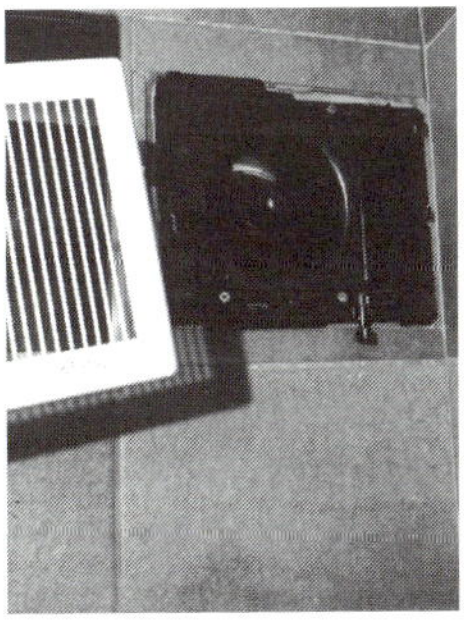

中も取り外せるようならそうじを。外せないようなら掃除機でホコリを吸い取る。カバーは水洗いや水拭きでキレイに。

鏡

鏡は曇りやすいので、毎日磨くのがベスト。激落ちくんで磨けばかなりの効果が。

シャワーヘッドのフック

ゴムグリップにはカビが生えやすいので要注意。こまめに汚れを落とし、水分を拭き取って。

排水溝

すべての汚れがたまる場所。毎日のこまめなそうじで、においやぬめりの防止にも。

蛇口

石鹸やシャンプーが残りやすい場所のひとつ。仕上げは水分が残らないようにすること。

台所のそうじ

台所も、トイレやお風呂場と同様、まずは出口である換気扇をチェックしてください。台所の換気扇は油汚れも混ざっているので、放っておくとベタベタになっています。レンジフードタイプの場合は、フィルターは替えられても中のファンを取り外すのは難しいので、その場合は業者にお任せするのがいいでしょう。

壁についている小さなプロペラがついた換気扇であれば、自分で取り外してそうじができるので、カバーとプロペラを外して、洗剤をつけたスポンジでこすって拭きましょう。

多くの人が見逃しがちな場所、それは冷蔵庫の上や食器棚の上。ここは脚立で上がってみないと見えない場所なので、特に手入れをしていない場合は、驚くほどホコリだらけになっています。年に1回といわず、週に1回くらいは拭いてあげてください。

さらに、炒め物や揚げ物をすると、どうしても油が飛ぶため、ホコリに油が混じってベトベトになっていることも。冷蔵庫は電気が配線されていますが、油汚れがひどいときは、

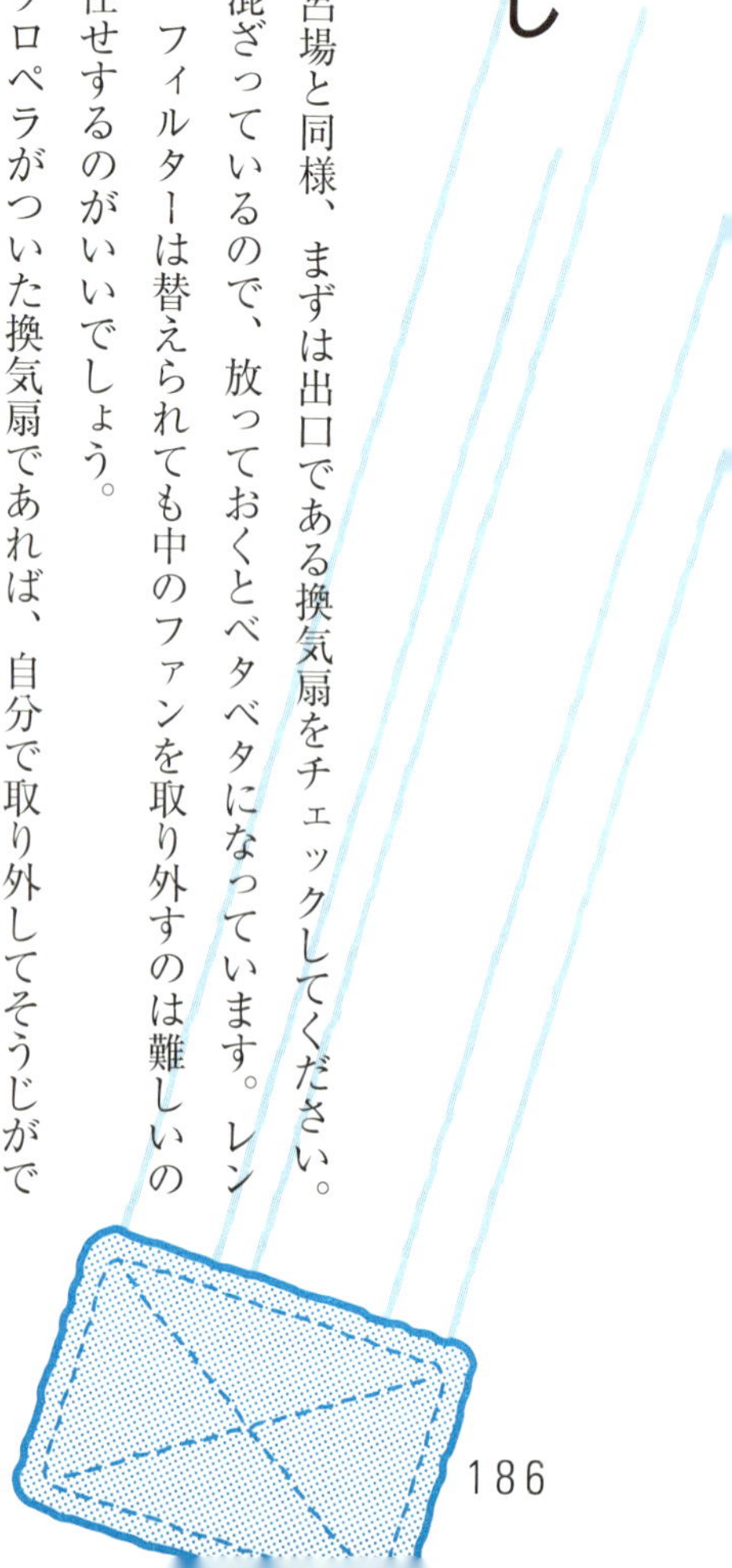

洗剤を使ってぞうきんで拭きます。

ホコリだけの場合は、乾いたぞうきんでさっとホコリを取りましょう。冷蔵庫の下にもホコリがいっぱいたまっているので、ローラーつきで動かせる冷蔵庫なら、少し動かしてホコリを取ります。

木製の食器棚の場合、上は見えない場所なので、たいていはコーティングされていない木材がそのままむき出しになっています。そのため、濡れたぞうきんで拭くと、ホコリがザラザラした木の表面に入り込んでしまい、取るのが難しくなるので、必ず乾いたぞうきんで拭くようにしてください。こうしてたまった汚れを落とすと、かなり空気がクリアになるので、呼吸がしやすくなるのを実感できます。

また、食器棚の中の食器を動かすのも効果的。長年使っていると、使わない食器がそのままになっているうえ、ホコリもたまっているので、一度全部食器類を出して空にした後、キレイなぞうきんで棚を全部拭きます。

そのとき、自分の手から感謝や癒し、希望のパワーが出ていると思ってください。パワーのある手で拭いたところは、パワースポットになりますから、その食器棚に戻したお皿たちは輝き出します。空間に呼吸をさせるのです。出して戻すという作業で、棚の中の空気が整います。

お皿を戻すときは、ある程度同じ大きさの食器同士に分けて、取りやすい位置に並べてください。食器棚はガラス窓を拭いたりするよりも、中の物を出して拭いて戻すほうが、はるかに空気のよどみがなくなります。出して戻すという作業だけでも効果的です。

見えているのになかなかキレイにできない場所が、コンロ。コンロもいろいろなタイプがあるので、一概には言えないのですが、台座に置くタイプなら、コンロの横をスポンジで拭いた後に、コンロを持ち上げてみてください。ここにかなり汚れがたまっています。コンロの下は、放っておくと焦げカスや汁がこぼれたもの、食材の残りなどが落ちて汚れがたまっていますから、大きなゴミや汚れをざっと拭き取った後、洗剤を少しつけたスポンジで磨きましょう。ここをキレイにすると台所がスッキリします。

次はシンクです。水垢などで茶色くなっている場合は、激落ちくんで磨きましょう。すると、水垢が取れて、ピカピカのシンクに変わります。シンクの四隅も水垢や食べ物の残りカスなどが付着したままのことがあるので、洗い物が終わった後にさっとスポンジで磨いておきましょう。

シンクで見落としがちなのは、蛇口部分です。レバー型のハンドルがついている場合、ハンドルを上げると水が出て下げると水が止まる、もしくはその逆というつくりになっていますが、ハンドルの下の部分は覗き込まない限り見えないので、磨く意識がなかなか向きません。ここには、真っ黒な汚れが驚くほどたまっているので、しっかりスポンジで拭き取ってください。ハンドルを左右に回して汚れが残っていないか、確認しましょう。

蛇口の根元部分も、水垢や黒い汚れがついていることがあるので、ここも激落ちくんで磨いてください。また、蛇口の後ろ側のゾーンにも目を配ってください。狭い場所ですが、溝のある場合は汚れがたまっています。

台所の換気扇

油汚れも混ざっているので、洗剤をつけてスポンジでこする。

電子レンジの上

高い場所に配置されている電化製品の上には、ときどき目を配って。

冷蔵庫の下

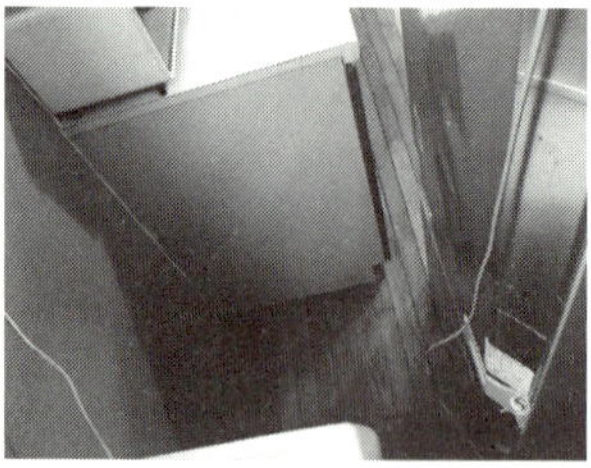

ローラーつきなら前にひっぱり出して裏側と下部分の拭きそうじを。

食器棚の中

食器を棚から全部出して戻すだけで、空気の入れ替えにもなる。

コンロの下

焦げカスや汁、調味料がこぼれたものなどが放置されやすい場所。

蛇口

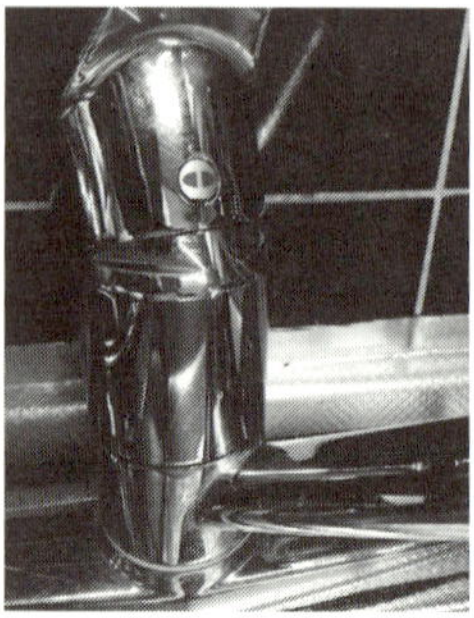

蛇口の根元の可動部分に、意外と汚れがたまりやすい。

リビングのそうじ

みんなが集まる団らんの場所、リビング。家族で和気あいあいと心を通わせられる空間にするためには、見えない部分の汚れをしっかり落とすことが大切です。

そこで注目してもらいたい場所が、照明器具のシェードです。照明器具のシェードにはびっしりホコリが積もっていますが、普通に生活している限り見えない場所なので忘れ去られがち。しかし、光には感情が乗るので、シェードにホコリが積もった状態で電気をつけると、光が照らし出すものにもよくない影響が出てしまいます。

僕は、飲食店にそうじの仕事で入るとき、必ず照明器具のシェードをそうじします。たいていは何層にもホコリがついているので、スタッフの方たちには、「『ありがとう』と言いながら、シェードに積もっているホコリを取ってください」とお伝えしています。

ホコリがたまった状態で食材が照らされると重たい感じがしますが、ホコリをキレイに取ってから「ありがとう」という感情が乗った照明で食材を照らすと、本当においしそう

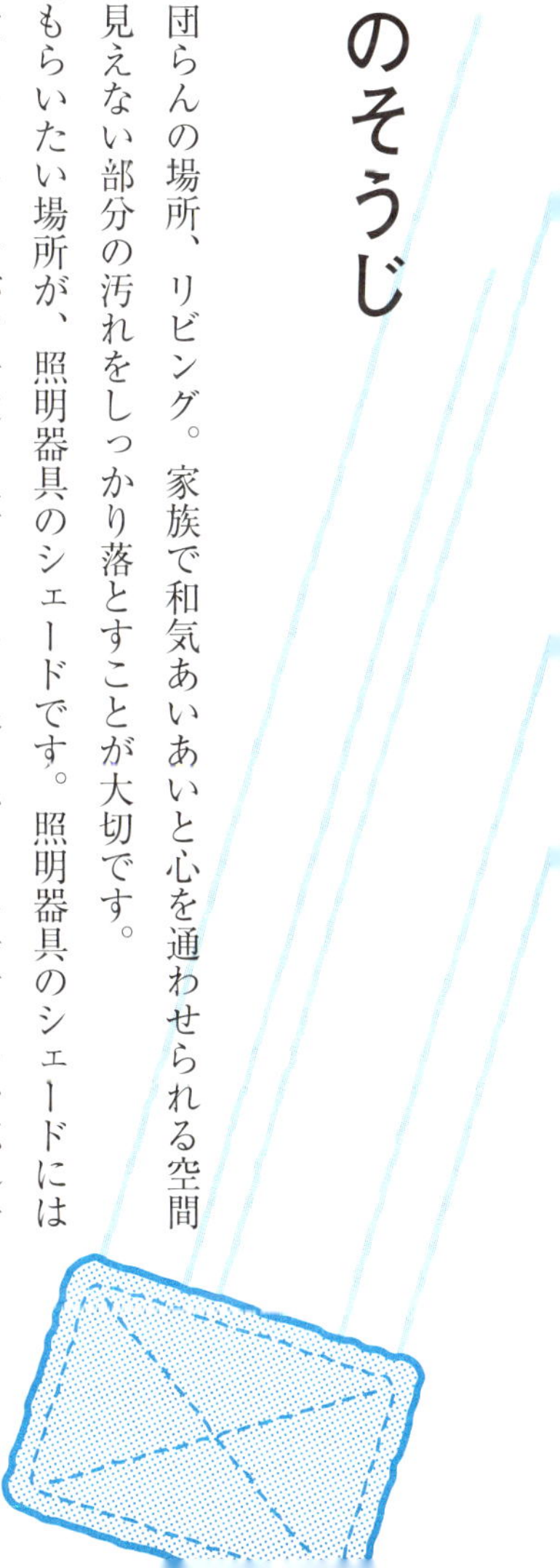

に見えるのです。

光で照らされるものが食べ物以外でも同様です。たとえば、「ありがとう」というやさしい気持ちの乗った光で子ども部屋を照らせば、子どもたちは温かい気持ちになりますし、感謝を乗せた光でリビングを照らせば、家族が笑顔になります。

「ありがとう」の感情を乗せて照明器具のシェードを拭く、これだけで空間は劇的に変わります。


また、部屋の隅っこのそうじも大切です。部屋の真ん中というのは人が集まる場所なので、ホコリは隅っこにひっそりと隠れるように蓄積しています。でも、私たちは隅っこにホコリがあるとわかっていても、「まあ、いいか」となかなかそうじをしないもの。

そこで、時間がないときは真ん中をそうじするよりも、部屋のまわりをぐるっと手を使ってぞうきんでひと拭きしましょう。そのほうが、空間が清められるので効果的です。

それに、隅っこをそうじすると、変なものが入ってこられないような結界が部屋全体に張られます。部屋の四隅をぞうきんを使って手で触れることで、その部屋はパワースポットに変わります。

動線を確保する

家にいるとなんとなく疲れる、ストレスがたまる……というときは、家具の配置場所が自然の流れに反した場所に置かれている可能性があります。

実は、私たちにはみな、楽に動ける動きとそうでない動きがあります。たとえば、お皿を洗った後、食器の水切りかごが左にあると楽に手を動かすことができるので効率がいいのですが、右にあると動きがぎこちなくなってしまいます。動線として、物を動かすとき、右から左に動かしたほうが体に負担がかかりません。

これらは、ものすごく小さなストレスなのですが、毎日積み重なっていくうちに、気持ちがささくれて家族と喧嘩になったり、やる気が起こらなくなったりということが起きてしまうのです。

ですので、僕は飲食店にコンサルに入って、無理をした体の使い方をしなければいけないような配置がされているのを見ると、「その機械の位置、逆にしましょう」などと提案して、体に負担のかからない位置に置き直します。

すると、それだけでストレスから解放されるのか、スタッフたちに笑顔が増えたり、コミュニケーションが上手になってきたりするのです。

ストレスのたまらない家具の配置を見直しましょう。動きが楽になると、それだけでその空間の空気が変わります。

玄関のそうじ

換気扇や排水溝が出口だとすると、玄関や窓は入口です。人でも物でも、外から家の中に入るときは、玄関ですよね。そして、入口は見える部分です。

お風呂のそうじでも話したように、僕は見える部分を輝かせることも大切にしています。特に玄関は、その家の最初の顔に当たる部分で、印象がつくられる場所。だからこそキレイにするのです。

なかでも、ドアノブはピカピカに磨き上げてください。ドアノブはみんなが手で触る場所なので手垢で汚れています。また、ベトベトしていると出入りするたびにテンションが下がるので、ここは激落ちくんを使って、ピカピカに磨きましょう。ドアノブが美しくなると、家の中の空間も喜びます。

玄関をキレイにするとその家の雰囲気がよくなり、人が集まってくる。僕は、このことを飲食店で働いていたときに実感しました。

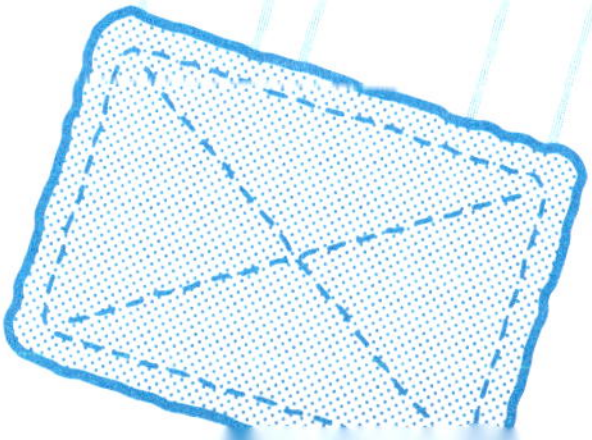

ある大阪の飲食店に、そうじを中心としたコンサルティングで入っていたときのことです。そのお店の玄関にはタイルが張ってあり、その上にカーペットが敷いてありました。カーペットの上をそうじする人はいても、そのカーペットをはがしてまでタイルをそうじする人はいなかったのです。

そこで、僕は毎日、スタッフが出勤する前にカーペットをはがし、ほうきで掃いて、たわしで玄関のタイルをこすって水で流した後、しっかり拭き上げるという作業を繰り返しました。すると1週間後くらいから、従業員たちに笑顔が増えてきて、お客さんの入りもよくなりお店が繁盛していきました。

なぜ、そんな現象が起きたのかというと、僕が玄関をそうじすることで無意識に人の感情をコントロールしたからです。僕はタイルをこすりながら、このお店にきてくれる人たちのことを願って「ありがとう、みんな大好きだよ」と思いながらそうじをしていたのです。

すると、まず従業員たちの表情が輝き出しました。このお店にくるまでの間、朝の満員電車にゆられて無意識にエネルギーを吸い取られてしまっていたスタッフたちも、このお店に入った途端、玄関の爽やかな空気に触れて、笑顔で「おはようございます」と言えるようになっていったのです。

僕は何も言わずワクワクしながら、スタッフたちを見ていたのですが、誰もが玄関を通るたびに元気になっていくという現象が起きているのが見て取れました。

スタッフが元気だと、元気でワクワクした状態で料理をつくれるので、僕が意図的にコントロールしなくても、必然的に喜びの料理ができる。それを食べにお客さんがくる、というしくみができるのです。

僕はこのしくみを検証するため、さまざまなお店で玄関のそうじを試していますが、今のところ100％スタッフが仲良くなり、売り上げも伸びています。

つまり、お店ではなくて家であっても玄関をキレイにしておくと、外で疲れて帰ってきたときにネガティブな気持ちを引きずらず、気持ちよく「ただいま！」と言えるようになって、笑顔が増える。その結果、家族が仲良くなるのです。

玄関をそうじするということは愛を増やす行為。ネガティブな空気を変えて、喜びの空気でその家の住人を包むことができるのです。

また、入口に物を置かないことも重要。玄関に段ボールが積まれていたり、郵便ポストに郵便物がいっぱいになっていたり、窓の前に家具があったりすると、入口から詰まってしまうので、いいものも入ってこられなくなります。

また無意識ではあるけど、その家に住む人たちも「なんとなく邪魔だな」と思っているので、それが積もり積もってイライラが爆発し、家族の雰囲気が悪くなってしまいます。

ですので、入口部分に物を置かないことを徹底してください。

ゴミ箱のそうじ

家の中のそうじで見落としがちなのが、ゴミ箱です。ゴミ箱は排水溝のように外とはつながっていませんが、不要なものを捨てる場所なので、れっきとした出口。

汚いものを捨てるから汚いままでいい、と思いがちですが、だからこそ汚いと思っている場所をキレイにすると、素晴らしいことが起こります。ほとんどの人が気づいていませんが、ゴミ箱をそうじすることは、幸せになれる超ポイントとなるわけです。

僕は飲食店にコンサルで入ると、必ずゴミ箱をチェックします。飲食店の厨房にあるゴミ箱は、油を常に使っているのでギトギトしていて、本当に汚いのです。誰もゴミ箱をキレイにしようと思わないので、もちろん中も臭い。

そこで、僕は閉店してスタッフたちが帰った後、ゴミ箱のゴミを出して、ぬるま湯で軽く流します。中も外も、スポンジに洗剤をつけて軽くこすり、ぞうきんで軽く拭き上げます。

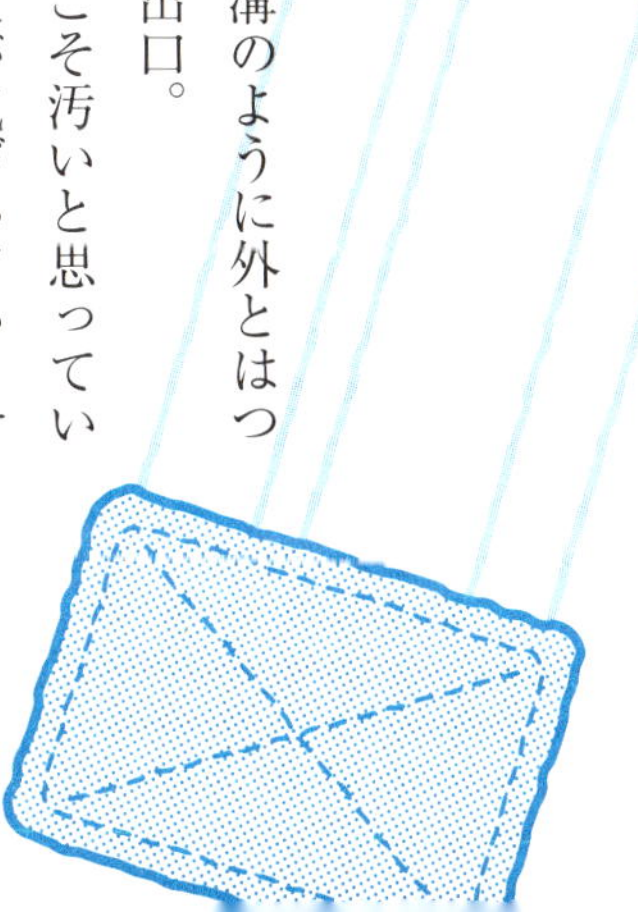

すると、翌日お店に出勤してきたスタッフたちは、「あれ？　ゴミ箱新しくしたんですか？」と聞いてきます。「いや、今までのゴミ箱を磨いただけだよ」と言うと、それだけでスタッフたちのゴミ箱に対する汚いイメージが変化していきます。

ゴミ箱は汚いものではない、というイメージができてくると、みんながゴミ箱をキレイに使い出します。ただ、ゴミ箱をキレイに使おうというイメージを持つまでには3カ月はかかるかもしれません。それまでの間は、せっかくキレイにしても、また汚いゴミを投げ込まれて最初と同じ状態になる。それでもあきらめずに、ゴミ箱をキレイにするのです。

何十年もの間、「ゴミ箱＝汚い」というイメージを植えつけられてきたのですから、やはりそれなりの努力は必要です。

こうして3カ月くらいたつと、みんなの心のなかにいろいろな気づきが生まれてきます。これまでのゴミ箱は汚いという固定観念が崩れると、もうどんなものを見ても汚いと思えなくなるので、汚れに対する抵抗も少なくなります。

すると、感情のわだかまりも少なくなってくるので、それまで苦手だと思っていた人も愛おしく見えたりなど、ものの見方がポジティブになるという変化が起こるようになってくるのです。

あなたの家のゴミ箱はどんな状態ですか？　部屋のゴミ箱、台所のゴミ箱、生ゴミを捨てるゴミ箱……など汚れているゴミ箱があれば、ぜひキレイにしてみましょう。「ゴミ箱はキレイなのが当たり前」という認識ができてくると、キレイにゴミを捨てるようになるので、空間も喜びます。

おわりに

あなたがくだらないと思っている今日は、
昨日亡くなった人が
なんとかして生きたかった
なんとしてでも生きたかった
今日なんです

僕が大好きな人のひとり、ひすいこたろうさんが、ご著書『3秒でハッピーになる名言セラピー』（ディスカヴァー・トゥエンティワン）で紹介されていた言葉です。

僕たちは、間違いなく、両親を選び、この世に生まれてきました。両親だけではありません。自分として生きること、自分の生き方すべてが、自分で選んだことです。自分で選んできたことなのだから、いいも悪いもありません。すべてがあなたにちょうどいいのです。

もし、あなたが今、人生が思いどおりにいっていないと感じるのだとしたら、外に向けているベクトルを自分自身に向けてみてください。

あなたが今「人生が思いどおりにいかない」と嘆いているのだとしたら、それは他人のせいではありません。自分の人生の邪魔は、たいてい自分がしているものです。


自分の人生がうまくいかない理由を、自分の内側に探すこと。

自分はこれでいいのだろうか。

なんとなく毎日をやり過ごしてしまっていないだろうか。

今日1日、後悔のない時間を過ごせただろうか。

そんな「問い」を持ち続けると、自然と「答え」が導かれてきます。


僕は、そうじとは、自分の人生と向き合う優れた方法のひとつではないかと思うのです。

見えないところをキレイにすることで、自分の見ようとしていなかったわだかまりが解消される。

誰もが嫌がるところをキレイにすることで、自分で自分の嫌っていた部分が解消される。

そうじを通して自分と向き合うことで、「自分は自分のままでいい」と感じることができ、さらに、他者に対しても「あなたはあなたのままでいい」と感じることができるようになる。そうじにはそれだけの力があるのです。

「人生」ととらえると、とても長いスパンのように感じますが、人生は「今日」という1日1日の積み重ね。もし、あなたが今、40歳で後40年生きるとしたら、残りは「1万4600日」。残りの人生が30年なら後「1万950日」、残りの人生が20年なら「7300日」です。

長いととらえるか、短いと感じるかは人それぞれですが、いずれにしても限りがある。僕はその限りある時間を、自分らしく、ワクワクしながら過ごせるお手伝いができればと願って日々活動をしています。

そうじは、雑用ではありません。
そうじは無駄なことという先入観は、思い切って捨ててください。
そうじは、自分の人生に大きな影響を与える行いだと認識してください。
そうじをおろそかにすれば、自分をおろそかにすることになり、丁寧にやれば、丁寧な生き方をするようになる。まさに「鏡の法則」です。

幸せな人生を生きたいのなら、今日という日をおろそかにしないことです。今日という日を大切に生きるためには、「今」と向き合うことです。未来でも、過去でもありません。今3秒、足元の床を心を込めて磨いてみてください。それが「今」と向き合うということです。一見、地味で面倒な行為に思えるかもしれませんが、こういった些細な「当たり前」なことに「心を込める」ことこそが、人生そのものなのではないでしょうか。

今、目の前にある物、こと、人、空間に真摯《しんし》に向き合う。
それが人生そのものであり、そうじだと思うのです。

どうか、これからの人生が、みなさんにとって素晴らしいものでありますように。

平成28年3月吉日

船越耕太

船越耕太（ふなこし・こうた）

岡山県生まれ。空間セラピスト＆掃除カウンセラー。

顧客４万人の食と掃除のコンサルを行いながら、年間100本以上の講座・セミナーをこなしている。

生後８カ月で化膿性髄膜炎と水頭症にかかり、医師から死を宣告されるも、奇跡的に完治。

岡山県の山奥にある、メディアでも話題の民宿「百姓屋敷わら」を営む両親のもとに育つ。

６歳から宿を手伝い、掃除、皿洗い、調理の下準備、薪割りなどあらゆることを身につける。

中学１年生から現在に至るまで、毎日掃除を続けているうちに、自分の環境が変わってきたと実感していく。18歳の時に、「おむすび権米衛」の社長の目にとまり、「掃除をする」ことを仕事として顧問契約。売り上げを伸ばし、各企業の社長から声がかかるようになる。

現在も多岐にわたってコンサルタント事業を行っている。


「いのちを輝かせる」船越耕太オフィシャルサイト　http://funakoshikota.com

＜ Special Thanks ＞
ひすいこたろう　http://www.mag2.com/m/0000145862.html
百姓屋敷わら・WaRa 倶楽無　http://wara.jp
和楽プロジェクト　http://warapro.jp
山室顕規　https://www.facebook.com/yamamuroakinori
おむすび権米衛　http://www.omusubi-gonbei.com
ワクワク本舗 / ごちそう酒房　段

ぞうきん1枚《まい》で人生《じんせい》が輝《かがや》くそうじ力《りょく》

2016年３月30日　第１刷発行
2021年１月１日　第２刷発行

著　者　船越耕太《ふなこしこうた》

発行者　佐藤 靖

発行所　大和《だいわ》書房
東京都文京区関口1-33-4
電話 03(3203)4511

アートディレクション　宮崎謙司（lil.inc）
デザイン・イラスト　清水孝行　増田崇　設楽彩香（lil.inc）
撮影　片桐圭　船越耕太
編集協力　梅木里佳（チア・アップ）

本文印刷　厚徳社
カバー印刷　歩プロセス
製本　ナショナル製本

ISBN978-4-479-79513-1

http://www.daiwashobo.co.jp

大和書房の好評既刊本

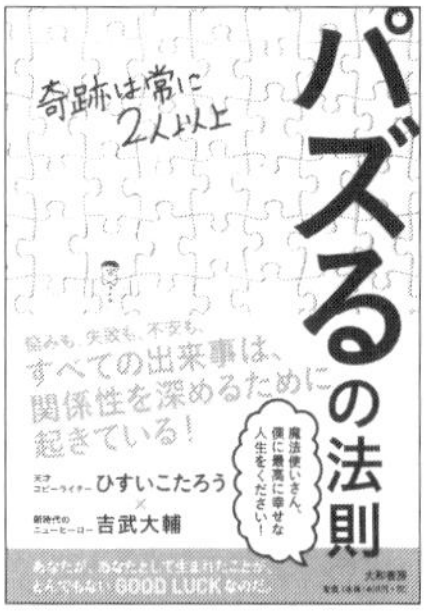

パズるの法則

奇跡は常に2人以上

ひすいこたろう+吉武大輔

天才コピーライターと8000人を癒してきた異色カウンセラーが、悩みを解消し、「人生を思いどおり」にするすごい技術を伝授!

定価(本体1400円+税)

ニッポンのココロの教科書

日本にある世界一幸せな法則38

ひすいこたろう+ひたかみひろ

自分のルーツを知ると、人生に奇跡が起きる。天才コピーライターが語る、日本人の知らない本当の日本とは。そこには最高に幸せに生きる知恵があった。笑いながら読めるバイブル。

定価(本体1200円+税)